Inglês
em 30 dias

Dra. Sonia Brough e
Carolyn Wittmann

© 2006, Berlitz Publishing/Apa Publications GmbH & Co. Verlag KG, Singapore Branch, Singapore
Berlitz Trademark Reg. U.S. Patent Office and other countries. Marca Registrada. Used under license.
Todos os direitos reservados. É proibido reproduzir esta obra sem autorização prévia, ainda que parcialmente; é proibido copiá-la ou retransmiti-la por qualquer meio, seja eletrônico, mecânico (fotocópia, microfilme, registro sonoro ou visual, banco de dados ou qualquer outro sistema de reprodução ou transmissão).
© 2007, Martins Editora Livraria Ltda., São Paulo, para a presente edição.
Edição original 2004 pela Langenscheidt KG, Berlim e Munique

Publisher Evandro Mendonça Martins Fontes
Coordenação editorial Vanessa Faleck
Ilustrações Ulf Marckwort, Kassel
Texto Emily Bernath
Juergen Lorenz
Isabel Mendoza
Begoña Prieto Peral
Maria Amparo Perez Roch
Ruth Vivas Ramos,Lorraine Sova
Produção editorial Pólen Editorial
Capa Renata Miyabe Ueda
Tradução Lizandra M. Almeida
Revisão técnica e de tradução Ligia Diniz e Maria do Carmo Zanini
Preparação Roberta Nunes
Revisão Edméa Garcia Neiva e Marcela Vieira
Produção gráfica Sidnei Simonelli

Dados Internacionais de Catalogação na Publicação (CIP)
(Câmara Brasileira do Livro, SP, Brasil)

Brough, Sonia

Inglês em 30 dias / Sonia Brough e Carolyn Wittman ; [tradução Lizandra Magon de Almeida]. – São Paulo : Martins, 2007.
– (Coleção Aprenda em 30 dias Berlitz)

Título original : Inglés en 30 dias
ISBN 978-85-99102-65-7

1. Inglês - Estudo e ensino I. Wittmann, Carolyn. II. Título III. Série.

07-8555   CDD-420.7

Índices para catálogo sistemático:
1. Inglês : Gramática : Lingüística   420.7

Todos os direitos desta edição reservados à
Martins Editora Livraria Ltda.
Av. Dr. Arnaldo, 2076
01255-000 São Paulo SP Brasil
Tel.: (11) 3116.0000
info@emartinsfontes.com.br
www.martinsfontes-selomartins.com.br

Inglês
em 30 dias

Sumário

Prefácio   **12**

A pronúncia da língua inglesa   **14**

Lição 1   On the plane   17
No avião

Gramática: Os pronomes pessoais – *I*, *you* ■ O verbo *to be* ■ *to be* – a forma interrogativa ■ Afirmativa e negativa – *yes*, *no* ■ Por favor, obrigado(a) ■ Pedido de desculpa – *sorry* ■ As preposições – *from*, *on* ■ Adjetivos pátrios
Aspectos interculturais: Cortesia

Lição 2   At the terminal   23
No terminal do aeroporto

Gramática: Saudações ■ O artigo definido – *the* ■ A pronúncia do *the* ■ O pronome pessoal neutro – *it* ■ Os pronomes pessoais – *you*, *we*, *they* ■ O verbo auxiliar modal – *can*, *can't* ■ Advérbios de lugar – *here*, *there* ■ O plural ■ Os números cardinais *1–10*
Aspectos interculturais: No aeroporto

Lição 3   Taking a bus to the city   31
Tomando o ônibus para a cidade

Gramática: As partículas interrogativas – *where?*, *when?*, *how?* ■ *Sorry* ■ Os números cardinais *11–100* ■ As horas I ■ O artigo indefinido – *a*, *an* ■ As preposições – *on*, *at*, *to*, *for*, *in* ■ Os pronomes demonstrativos – *this*, *that* ■ A resposta afirmativa
Aspectos interculturais: No ônibus

| Lição 4 | Meeting people | 39 |

Conhecendo pessoas

Gramática: Os pronomes pessoais – **he**, **she** ■ O verbo auxiliar modal – **must** ■ O verbo **to be** ■ A negativa do verbo **to be** ■ O imperativo ■ A partícula interrogativa – **why?** ■ Os adjetivos ■ **a cup of**...
Aspectos interculturais: Saudações e apresentações

| Lição 5 | In the wrong room | 47 |

No quarto errado

Gramática: Os pronomes possessivos adjetivos – **my, your, his, her** ■ O caso genitivo ■ A resposta sintética com o verbo **to be** ■ Interrogativas negativas ■ As preposições – **opposite, next to**, **with** ■ **have/has** ■ **don't have/doesn't have** – a negativa ■ **have/has** – a interrogativa ■ A partícula interrogativa – **who?** ■ Os números ordinais **1st–10th** ■ **Isn't it...?**
Aspectos interculturais: Hospedagem nos EUA ■ Eletricidade

| Lição 6 | At breakfast | 57 |

No café-da-manhã

Gramática: A formação do Simple Present ■ Usos do Simple Present ■ Os pronomes possessivos adjetivos – **our, their, its** ■ As horas II ■ As partes do dia ■ Saudações em diferentes partes do dia ■ Expressões com o verbo **to have**
Aspectos interculturais: As refeições

| Teste 1 | | 66 |

| Lição 7 | The lost key | 68 |

A chave perdida

Gramática: A partícula interrogativa – **whose?** ■ O Simple Present – a negativa ■ Posição dos advérbios de freqüência ■ Expressões com o verbo **to get**
Aspectos interculturais: Horários de trabalho

Lição 8 — Keeping fit — 75
Mantendo a forma

Gramática: O Simple Present – a interrogativa ■ Perguntas com partículas interrogativas ■ Respostas sintéticas com **to do** ■ O imperativo negativo ■ Os dias da semana ■ Complementos de tempo e lugar ■ O verbo – **want to** ■ Plurais irregulares I ■ Substantivos com ou sem o artigo definido **the**
Aspectos interculturais: Esporte

Lição 9 — Shopping in town — 83
Fazendo compras no centro da cidade

Gramática: A formação do Present Continuous ■ Usos do Present Continuous ■ O Present Continuous – a negativa ■ O Present Continuous – a interrogativa ■ O Present Continuous – a forma interrogativa negativa ■ **some – any** ■ **I'd like** ■ Os pronomes demonstrativos – **these**, **those** ■ **no** ■ Preços
Aspectos interculturais: A moeda ■ Horários de funcionamento

Lição 10 — Planning a trip — 93
Planejando uma excursão

Gramática: O Present Continuous com sentido de futuro ■ Os pronomes pessoais oblíquos ■ **kind of** ■ A partícula interrogativa – **which?** ■ O verbo **to go** ■ **Would you like (to)...?**
Aspectos interculturais: Divisão política

Lição 11 — A day out — 101
Um dia fora

Gramática: O Simple Present e o Present Continuous
Aspectos interculturais: Transporte

Lição 12 — Meeting Lady Liberty — 107
Visita à Lady Liberty

Gramática: **there is**, **there are** ■ Exclamações ■ Verbo + adjetivo ■ **Let's** ■ Plurais irregulares II ■ Substantivos sem plural
Aspectos interculturais: Monumentos importantes dos EUA

Teste 2 — 116

| Lição 13 | **At the café** | **118** |

Na lanchonete

Gramática: O Present Perfect ■ O Present Perfect – a negativa ■ O Present Perfect – a interrogativa ■ O uso do Present Perfect ■ Verbo + adjetivo ■ **a lot of – lots of – much – many** ■ **Is there any more...?/There isn't any more...**
Aspectos interculturais: Sair para comer

| Lição 14 | **Shopping for souvenirs** | **127** |

Comprando lembrancinhas

Gramática: Os advérbios de tempo – **for, since** ■ Os meses do ano ■ Os números ordinais **11th – 1,000,000th** ■ A data ■ **any more** em frases interrogativas e negativas
Aspectos interculturais: Não-fumantes ■ Formas de tratamento

| Lição 15 | **A postcard to the family** | **135** |

Um cartão-postal para a família

Gramática: Os verbos auxiliares modais – **must, could, should**
Aspectos interculturais: Correspondência

| Lição 16 | **A fashion show** | **141** |

Um desfile de moda

Gramática: Os comparativos de superioridade I ■ O verbo **to get** ■ Comparativos de superioridade – **... than, as... as** ■ Substantivos que só se usam no plural ■ **have to/has to – must** ■ A interrogativa com **have to/has to**
Aspectos interculturais: Roupa

| Lição 17 | **Money matters** | **149** |

Questões de dinheiro

Gramática: Os comparativos de superioridade II ■ **to borrow – to lend** ■ Grafia dos números cardinais ■ O verbo auxiliar modal – **might** ■ **have to/has to** – a negativa
Aspectos interculturais: Formas de pagamento

| Lição 18 | **A crisis** | 155 |

Uma crise

Gramática: O futuro com **to be going to** ■ **to be going to** – a negativa ■ **to be going to** – a interrogativa ■ O verbo auxiliar modal – **shall**
Aspectos interculturais: Feriados

| *Teste 3* | | 162 |

| Lição 19 | **A picnic** | 164 |

Um piquenique

Gramática: O futuro – **will** ■ Usos do futuro com **will** ■ O futuro com **will** – a interrogativa ■ O futuro com **will** – a negativa ■ **when – if** ■ **half a/an** ■ Plurais irregulares III ■ Advérbios ■ Os pronomes possessivos – **mine, yours** ■ **mistake – fault**
Aspectos interculturais: Álcool ■ *Bon appétit*

| Lição 20 | **The environment** | 173 |

O meio ambiente

Gramática: O verbo auxiliar modal – **mustn't** ■ O pronome – **one, ones** ■ Respostas sintéticas com **will** ■ Verbo + preposição/partícula I
Aspectos interculturais: Reciclagem

| Lição 21 | **Car trouble** | 179 |

Problemas com o carro

Gramática: O Simple Past – **to be, to have** ■ O uso do Simple Past ■ O Simple Past – a negativa ■ O Simple Past – a interrogativa ■ **something – anything** ■ **a few – a little (bit)**
Aspectos interculturais: Carros

| Lição 22 | **A telephone call** | 187 |

Um telefonema

Gramática: O Simple Past – verbos regulares ■ Números de telefone ■ O Simple Past – a interrogativa – respostas sintéticas ■ **somebody – anybody** ■ O verbo **try to** ■ **nearest – next**
Aspectos interculturais: Chamadas telefônicas

| Lição 23 | **Brave students** | **195** |

Estudantes corajosos

Gramática: O Simple Past – verbos irregulares ■ O Simple Past – a negativa ■ O Simple Past e as partículas interrogativas ■ Os verbos **to tell – to say**
Aspectos interculturais: Em caso de emergência ■ Casas vitorianas

| Lição 24 | **Fully booked** | **203** |

Lotação esgotada

Gramática: Os verbos **to remember – to forget** ■ O advérbio – **ago** ■ **to stand up – to get up** ■ **not... either**
Aspectos interculturais: Atividades culturais

| Lição 25 | **A day in Washington, DC** | **211** |

Um dia em Washington, DC

Gramática: Advérbios irregulares ■ Pedidos em restaurantes ■ Os pronomes indefinidos ■ Expressões com o verbo **to look**
Aspectos interculturais: No restaurante

| Teste 4 | | **220** |

| Lição 26 | **A bit of culture** | **222** |

Um pouquinho de cultura

Gramática: Meios de transporte ■ O superlativo ■ **had better** ■ O uso do artigo definido **the** com localidades ■ O verbo **to get**
Aspectos interculturais: As vantagens do transporte público

| Lição 27 | **An interesting meeting** | **231** |

Um encontro interessante

Gramática: A formação do Past Continuous ■ O Simple Past e o Past Continuous ■ **with** + pronomes oblíquos ■ As estações do ano ■ **something – nothing**
Aspectos interculturais: Tiffany's

| Lição 28 | **An evening at home** | **239** |

Uma noite em casa

Gramática: O Simple Past e o Present Perfect ▪ *I'd rather...*
Aspectos interculturais: Televisão ▪ O *Superbowl*

| Lição 29 | **Visitors from México** | **247** |

Visitantes vindos do México

Gramática: Cumprimentos ▪ A preposição *on* ▪ Os pronomes reflexivos ▪ *each other* ▪ O pronome possessivo – *my* ▪ Verbo + preposição/partícula II
Aspectos interculturais: O tempo atmosférico

| Lição 30 | **Saying goodbye** | **257** |

A despedida

Gramática: Verbos no gerúndio *(-ing)* ▪ Como se despedir
Aspectos interculturais: Hospedagem

Verbos irregulares	**265**
Soluções dos exercícios	**267**
Glossário	**278**

Prefácio

Para começar, gostaríamos de lhe dar uma boa notícia: você sabe mais inglês do que imagina! Com certeza você reconhece as seguintes palavras e expressões:

camping　　　　**tea**　　　　**radio**

　　ticket　　　　**university**

video　　**tomato**　　　　　**hotel**

E são apenas alguns exemplos de palavras semelhantes em inglês e português. Além disso, existem muitos outros substantivos com origens comuns:

market	mercado	**soup**	sopa
identity	identidade	**coffee**	café
park	parque	**paper**	papel
parliament	parlamento	**hour**	hora
minute	minuto	**bank**	banco

Você também pode ter encontrado as seguintes expressões, principalmente se já viajou de avião:

airport	**baggage**	**boarding pass**
crew	**duty free shop**	**no smoking**

Portanto, podemos dizer que você já tem algumas noções de inglês. E, se estudar com atenção as 30 lições a seguir, no final você terá aprendido o idioma de tal modo que, em sua próxima visita a um país de língua inglesa, não só saberá se comunicar, como também conseguirá se expressar de maneira correta e empregando expressões idiomáticas.

As 30 lições a seguir tratam das experiências de um jovem mexicano que vai estudar inglês em Nova York por alguns meses. Quem sabe, terminado este livro, você não se atreva a fazer uma viagem parecida para a Grã-Bretanha, a Irlanda, a Austrália, o Canadá ou os Estados Unidos.

Para facilitar o aprendizado, traduzimos todos os diálogos para o português. Depois de cada tradução há um quadro sinótico que explica os principais aspectos gramaticais encontrados no diálogo, e, posteriormente, exercícios que lhe permitirão pôr à prova o que você aprendeu. O quadro dedicado ao vocabulário facilita o aprendizado das palavras mais importantes que apareceram na lição, e nos *Aspectos interculturais* há uma série de informações e conselhos sobre a vida cotidiana nos Estados Unidos.

Com essa estrutura variada, nosso objetivo é que você aprenda inglês de uma maneira interessante, agradável e tranqüila. E, com os quatro testes que aparecem no decorrer do livro, você poderá avaliar sua evolução.

Caso você não possa estudar o livro todo em 30 dias, é importante desenvolver ao menos um ritmo de aprendizagem: é melhor estudar um pouquinho todos os dias do que cinco ou seis lições em um único fim de semana. Aproveite os intervalos das atividades diárias: estude a caminho do trabalho, da escola ou da universidade, na hora do almoço ou durante o *jogging* com o *walkman* a tiracolo.

Acompanha este curso autodidático um CD que contém os diálogos em inglês, gravados na velocidade da fala cotidiana.

E, agora, fique à vontade: a aventura está começando. Desejamos a você todo o êxito neste curso e esperamos que passe bons momentos aprendendo inglês.

As autoras e a editora

A pronúncia da língua inglesa

A pronúncia do inglês é um dos aspectos do idioma que geram mais dificuldades. Na maioria das vezes, não há um som equivalente em português que possa nos ajudar a pronunciar as palavras. Não obstante, seguindo os conselhos que aparecem a seguir e utilizando com assiduidade as gravações que acompanham seu livro, você poderá chegar a uma pronúncia que lhe permitirá entender e ser entendido sem grandes problemas.

Vogais e ditongos

cat	entre o **a** de *caso* e o **é** de *quero* (um **é** mais aberto)
b**u**t, c**u**p	som próximo ao de *hora* (pronunciado com a boca semi-aberta)
arm	entre o **a** de *saco* e o **ó** de *só* (com a língua recuada)
away, **a**go	como um **e** ou **o** átono (quase mudo)
g**e**t, m**e**t	como o **é** de *pé*
it, s**i**tting	som breve, semelhante ao **e** de *hoje*, entre o **i** de *vi* e o **e** de *vê*
s**ee**, t**ea**	como o **i** de *gentis*, só que longo
sp**o**t, w**a**sh	como o **ó** de *avó*
c**a**ll, f**ou**r	como o **ó** de *avó*, só que longo
p**u**t, c**ou**ld	som breve, semelhante ao **o** de *livro*, entre o **u** de *pulo* e o **o** de *povo*
bl**ue**, **you**	um **u** longo, como em *azul*
f**u**se	como **iú** em *baiúca*, só que com **u** longo
high, **eye**	como **ai** em *pai*
n**ow**, h**ow**	como **au** em *causa*
n**o**te, h**o**me	como em *outro*
wh**e**re, th**e**re	como em *Andréa*, sem o **i** entre o **é** e o **a**
s**ay**, d**ay**	como em *sei*
h**ear**, h**ere**	como *dia*
b**oy**, s**oi**l	como **ói** em *herói*
s**ure**	quase como *sua*

Consoantes

Muitas consoantes (b, c, d, f, k, l, m, n, p, t, v, z) representam os mesmos sons em inglês e português. Fique atento às diferenças:

check, ri**ch**	como **tch** de *tcheco*
gin, lar**ge**, **j**oy	como o som **dj** de *jeans*
gap, **g**o	como *gato*
to**g**ether, **g**ive	como o **gu** de *guerra*
how, **h**e	o **h** dificilmente é mudo (exceções: *hour, honour, honest, heir*); é aspirado, quase um sopro, semelhante ao **r** de *rato*
ri**ng**	como em *shopping*, parando pouco antes de pronunciar realmente o **g**
quick	como o som de **kw** de *quatro*
red	som do "r caipira" em palavras como *porta*
hi**s**	como o **z** de *zona*
sun, mi**ss**	como o **s** de *seco* ou **ss** de *passo*
vi**s**ion, u**su**al	como o som **j** de *jornal*
she, ma**ch**ine, **su**re	como em *chegar*
think, too**th**	semelhante a um **s**, mas a língua precisa tocar os dentes superiores
tip, **d**eep	não pronuncie nem *tchi* nem *dji*, toque o céu da boca com a ponta da língua
bo**x**	som de **ks**, como em *Alex*
e**x**ample	som de **kz**
that, **th**e	semelhante a um **z** ou **d**, com a língua tocando os dentes superiores
water, **w**indow	como o **u** em *grau* ou *água* (semiconsoante)
yes, **y**oung	como o **i** de *praia* (semiconsoante)

FIFTEEN

LIÇÃO

On the plane 1

Flight attendant:	Coffee?
José Luis:	Yes, please.
Flight attendant:	Milk and sugar?
José Luis:	No, thanks. *(He spills the coffee on the seat next to him.)* Oh, I'm sorry!
Passenger:	That's all right. Are you from Latin America?
José Luis:	Yes, I'm from Tijuana, Mexico – and you?
Passenger:	I'm from Winnipeg.
José Luis:	So you're American.
Passenger:	Actually, I'm Canadian.
José Luis:	Oh, sorry! I'm José Luis.
Passenger:	And I'm Steven!

No avião

Comissária:	Café?
José Luis:	Sim, por favor.

Lição 1 — Diálogo, gramática

Comissária: Leite e açúcar?
José Luis: Não, obrigado. *(Derrama o café no passageiro ao lado.)*
Ah, sinto muito!
Passageiro: Está tudo bem. Você é da América Latina?
José Luis: Sim, sou de Tijuana, México. E você?
Passageiro: Sou de Winnipeg.
José Luis: Então você é norte-americano.
Passageiro: Na verdade, sou canadense.
José Luis: Ah, desculpe-me! Eu sou José Luis.
Passageiro: E eu sou Steven!

Os pronomes pessoais – I, you

I   eu
É um "I" maiúsculo, sempre escrito sem ponto.

you   tu, você, o senhor, a senhora
Em inglês, tratamos sempre por *you* a pessoa a quem nos dirigimos, o que torna tudo mais prático, não só do ponto de vista gramatical.

O verbo – to be

Os verbos "ser" e "estar" são expressos em inglês apenas com o verbo **to be**. No diálogo, aparecem de três formas.

I **am**   eu sou
you **are**   você é
that **is**   (isso) está

Na língua falada são usadas, principalmente, as contrações:

I am   → *I'm*
you are   → *you're*
that is   → *that's*

Gramática, exercícios — Lição 1

to be – a forma interrogativa

A interrogativa do verbo **to be** é formada pela inversão de sujeito (**I**, **you**...) e verbo (**am**, **are**...).

I am...	**Am I**... ?	Eu sou...?
You are José Luis.	**Are you** José Luis?	Você é José Luis?
That is all right.	**Is that** all right?	Está tudo bem?

Exercício 1

Escreva a forma correta do verbo to be: am, are ou is.
Onde for possível, utilize a contração: **-'m**, **-'re** ou **-'s**.

1. .... you from New York?
2. No, I .... from Winnipeg.
3. I .... José Luis and you .... Steven.
4. .... that coffee?
5. Yes, that .... coffee.

Afirmativa e negativa – yes, no

yes	sim
no	não

Por favor, obrigado(a)

Please...	Por favor...
Thank you.	Obrigado(a).
Yes, please.	Sim, por favor.
No, thanks./No, thank you.	Não, obrigado(a).

Lição 1 — Exercícios, gramática

Exercício 2

Escreva a palavra adequada: *yes*, *no*, *please* ou *thanks*.

1. Tea? – No, ...
2. Sugar? – Yes, ...
3. Are you American? – ...., I'm from Mexico.
4. Are you Canadian? – ...., I'm from Winnipeg.

Pedido de desculpa – sorry

A fórmula mais comum e simples para pedir desculpa é:
Sorry! ou *I'm sorry!*   Sinto muito! ou Desculpe-me!
E a resposta que se costuma dar é:
That's all right.   Não foi nada.
Não tem importância.

As preposições – from, on

As preposições do diálogo parecem fáceis, mas, cuidado: existem muitas preposições em inglês e poucas regras de utilização. O único jeito é memorizá-las. Às vezes é possível deduzir o significado pelo contexto:

from   de
I'm from the   Sou dos Estados Unidos.
United States.

Certas preposições do inglês têm vários significados em português, mas o contexto e o bom senso nos ajudam a encontrar a melhor solução:

on   sobre, em cima de
porém:
on the plane   no avião

É claro que José Luis não está sentado em cima do avião, mas dentro dele, em sua poltrona.

Exercícios, gramática, vocabulário — Lição 1

Ordene as palavras, formando frases que façam sentido.

Exercício 3

1. from/you/Canada/are ?

   ....

2. New York/no/from/I'm

   ....

3. that/right/all/is ?

   ....

4. thank/you/yes

   ....

Adjetivos pátrios

Você notou que os adjetivos **American**, **Canadian** e **Mexican** são escritos com iniciais maiúsculas? Essa regra se aplica a todos os adjetivos pátrios.

Certamente você viu estes letreiros no avião.
O que significam em português?

Exercício 4

NO SMOKING

....

FASTEN SEATBELTS

....

Vocabulário

all right	tudo bem	from	de (proveniência)
American	norte-americano	I'm	eu sou
I'm American	eu sou norte-americano	is	é
		Latin America	América Latina
and	e		
are	és, é, são		
Canadian	canadense	Mexico	México
coffee	café	milk	leite
flight attendant	comissário(a) de bordo	New York	Nova York
		no	não

Lição 1 Vocabulário, aspectos interculturais

no, thanks	não, obrigado(a)	**that's**	esse/essa/ isso é
oh	ah		
on	em, sobre, em cima de	**the**	o, a, os, as
		yes	sim
passenger	passageiro(a)	**yes, please**	sim, por favor
plane	avião	**you**	tu, você,
so	então		o senhor,
sorry *em:*			a senhora
I'm sorry	desculpe-me	**you're**	tu és, você é,
sugar	açúcar		o senhor é,
that	esse, essa, isso		a senhora é

Cortesia

É importante lembrar duas expressões fundamentais: **please** (por favor) e **thank you** (obrigado). São usadas com freqüência e a omissão de uma delas pode ser interpretada como falta de educação. Nas grandes cidades dos Estados Unidos, a vida é tão agitada que às vezes não se tem tempo para a cortesia. Mas não desanime! Se você cumprimentar as pessoas e disser **please** e **thank you**, seu gesto educado será retribuído.

José Luis teve de se desculpar duas vezes nesse curto diálogo. Nos Estados Unidos, as expressões **sorry** e **excuse me** são usadas a toda hora, mesmo quando a pessoa não é "culpada", nem sequer cometeu um erro. Um dos motivos por que José Luis se desculpa é por supor que seu vizinho de assento fosse norte-americano, sendo ele canadense. Mesmo que geograficamente um canadense seja tão "americano" quanto alguém dos Estados Unidos ou do México, já que todos vivem no continente americano, nos Estados Unidos o termo **American** é usado exclusivamente para se referir aos nativos desse país, e **America** para se referir aos Estados Unidos. Isso provavelmente tem origem no nome completo do país: Estados Unidos da América (**United States of America**). É comum usar o termo **the Americas** ("as Américas") para se referir às Américas do Norte, Central e do Sul.

At the terminal

LIÇÃO 2

Steven:	Are you lost?
José Luis:	Hi, Steven!
Steven:	Hello, José Luis. We're over there.
José Luis:	Oh yes, flight BA946 from Mexico City.
Steven:	Here are the cases.
José Luis:	One suitcase, one backpack and one travel bag. They're all here.
Steven:	Are they heavy?
José Luis:	The suitcase is very heavy!
Steven:	Can you lift it?
José Luis:	Yes, I can, but I can't carry it!
Steven:	Oh yes, it is heavy. Here are two carts.
José Luis:	Oh, good!
Steven:	Here we are. Immigration.
José Luis:	Let's see. US Citizens, Residents... What's our line?
Steven:	Visitors, over there.
José Luis:	Visitors.
Steven:	That's right!

No terminal do aeroporto

Steven:	Você está perdido?
José Luis:	Oi, Steven!
Steven:	Olá, José Luis. Estamos ali.

Lição 2 — Diálogo, gramática

José Luis: Ah, sim! Vôo BA 946 procedente da Cidade do México.
Steven: Aqui estão as malas.
José Luis: Uma mala, uma mochila e uma bolsa de viagem. Estão todas aqui.
Steven: São muito pesadas?
José Luis: A mala é muito pesada!
Steven: Você consegue erguê-la?
José Luis: Erguê-la eu consigo, mas não consigo carregá-la.
Steven: Ah, sim, está pesada! Aqui estão dois carrinhos.
José Luis: Que bom!
Steven: Aqui estamos. Imigração.
José Luis: Deixe-me ver. Cidadãos dos EUA, residentes... Qual é a nossa fila?
Steven: Visitantes, ali.
José Luis: Visitantes.
Steven: Exatamente!

Saudações

Nos Estados Unidos, na maioria das situações, utiliza-se **"Hello!"** como saudação. Principalmente entre as pessoas jovens, é comum o uso de **"Hi!"**. Nas próximas lições, apresentaremos outras formas de saudação.

O artigo definido – the

Em português, temos "o", "a", "os" e "as", mas em inglês é muito mais fácil:

The é a única forma, usada com todos os substantivos, sejam masculinos, femininos, singular ou plural.

Gramática Lição 2

A pronúncia do the

A pronúncia do artigo definido **the** depende do substantivo que o acompanha.

Se a palavra começa por **consoante** (**b**, **d**, **g** etc.), o **the** é pronunciado "ze", com a ponta da língua tocando os dentes superiores:

the **t**rolleys, assim como:
the **E**uropeans (esse **e** soa como **y**, que não é vogal, mas uma semiconsoante)

Se o substantivo começa por **vogal** (**a**, **e**, **i**, **o**, **u**), o **the** é pronunciado como se terminasse em "zi" (não esqueça a posição da língua).

the **e**xit, assim como:
the **h**our (o "h" não é pronunciado neste caso)

O pronome pessoal neutro – it

it   ele, ela (sujeito); o, a (objeto)
is   é, está
it is, it's   ele/ela é, ele/ela está

Leve em consideração que o *it* geralmente se refere a objetos ou animais, e que **não muda de forma**, seja em função do sujeito (como no primeiro exemplo) ou do objeto (segundo exemplo):

It is heavy.   É pesada. (p. ex., "a mala")
I can carry **it**. Posso carregá-**lo**(**la**). (p. ex., "o pacote", "a mala")

It pode apontar ou substituir um substantivo masculino ou feminino. A forma não varia. Em português, é comum omitir-se o pronome pessoal de sujeito (primeiro exemplo), mas no inglês ele é absolutamente necessário. Muitas vezes, a expressão *it is* se refere a uma frase inteira, a uma idéia, a algo mencionado na frase anterior. Nesse caso, pode ser traduzido por "(isso) é".

Lição 2 Gramática, exercícios

Os pronomes pessoais – you, we, they

you	tu, você(s)	**you are, you're**	tu és/estás, você é/está, vocês são/estão
we	nós	**we are, we're**	nós somos/estamos
they	eles(as)	**they are, they're**	eles(as) são/estão

Na forma interrogativa, usa-se a já conhecida regra de inverter o sujeito e o verbo:

Are you there? Tu estás?, Você está?, Vocês estão aí?
Are they here? Eles/Elas estão aqui?

Exercício 1

Is ou are?

1. Here .... the carts.
2. Immigration .... over there.
3. .... they heavy?
4. The case .... very heavy.
5. .... the backpack on the cart?
6. Flight 1971. We .... over there.

Exercício 2

It's ou they're?

1. Here are the cases. .... very heavy.
2. And the backpack? – .... on the cart.
3. .... the flight from Mexico City.
4. Are they on the plane? – No, ... here.
5. Is it the line for US Citizens? – No, ... the line for visitors.

Gramática   Lição 2

O verbo auxiliar modal – can, can't

can   poder, saber, conseguir
can't   não poder, não saber, não conseguir

Expressa a **capacidade** ou a **incapacidade** de fazer alguma coisa. É um verbo muito fácil, já que para todas as pessoas se utiliza **can** (som de "e" aberto e breve) ou **can't** (som de "e" aberto e prolongado).

I **can**   eu posso/sei/consigo
you **can**   tu podes/sabes/consegues
                 você(s) pode(m)/sabe(m)/consegue(m)
we **can**   nós podemos/sabemos/conseguimos

I **can't**   eu não posso/não sei/não consigo
you **can't** tu não podes/não sabes/não consegues
                 você(s) não pode(m)/não sabe(m)/não consegue(m)
we **can't**   nós não podemos/não sabemos/não conseguimos

A forma interrogativa é obtida invertendo-se a posição do sujeito e do verbo auxiliar:
Can *you* lift it?   Você consegue erguê-la?
Can *he* lift it?   Ele consegue erguê-la?

Nas respostas sintéticas, o verbo auxiliar é repetido:
Yes, I **can.**   Sim, (consigo).
No, he **can't.**   Não, (não consegue).

Advérbios de lugar – here, there

here   aqui, cá
there   ali, lá
over here   aqui
over there   ali, lá

Lição 2 — Exercícios, gramática

Exercício 3

Ordene as palavras e forme frases com sentido.

1. here/case/is/the

....

2. can/lift/it/we ?

....

3. lost/am/I

....

4. over/they're/there

....

O plural

O plural da maioria dos substantivos é formado com o acréscimo de um **-s**:

case	case**s**
cart	cart**s**
travel bag	travel bag**s**
exit	exit**s**

Os números cardinais 1–10

1	one	**6**	six
2	two	**7**	seven
3	three	**8**	eight
4	four	**9**	nine
5	five	**10**	ten

A maneira de dizer o algarismo 0 depende do contexto em que ele é utilizado:

em **nº de telefone**: *oh*, ou *zero*
em **contas**: *zero*
nos **esportes**: *nil*; no tênis, *love*

Exercícios — Lição 2

Tente unir os letreiros à tradução correspondente.

Exercício 4

BAGGAGE CLAIM
a

US CITIZENS & RESIDENTS
b

NOTHING TO DECLARE
c

GOODS TO DECLARE
d

VISITORS
e

ARRIVALS
f

DEPARTURES
g

1. Nada a declarar . . . . .

2. Chegadas . . . . .

3. Cidadãos dos EUA . . . . .

4. Entrega de bagagem . . . . .

5. Saídas . . . . .

6. Visitantes . . . . .

7. Algo a declarar . . . . .

Lição 2 — Vocabulário, aspectos interculturais

Vocabulário

all	todos	immigration	imigração
at	em, a	it	ele, ela, o, a (neutro)
backpack	mochila		
but	mas	lift	erguer, levantar
can	poder, saber, conseguir	lost	perdido(a)
		one	um(a)
can't	não poder, não saber, não conseguir	over there	ali, lá
		residents	residentes
		right	exato, correto
carry	carregar, levar, transportar	suitcase	mala
cart	carrinho para a bagagem	terminal	terminal de aeroporto
citizens	cidadãos	there	ali
exit	saída	they	eles, elas
flight	vôo	travel bag	bolsa de viagem
for	para		
good	bom(boa)	two	dois, duas
heavy	pesado(a)	US/USA	EUA
hello	olá	very	muito
here	aqui	visitors	visitantes
hi	oi	we	nós

No aeroporto

Em Nova York, há três aeroportos importantes: o **John F. Kennedy International (JFK)**, o principal aeroporto para vôos internacionais, o **La Guardia (LGA)** exclusivo para vôos domésticos (dentro dos EUA), e o **Newark Liberty International (EWR)**, para vôos nacionais e internacionais. Ao chegar do exterior, mostre seu passaporte visado e o formulário de imigração ao funcionário competente. Ele acrescentará ao passaporte o visto de residência temporária, que você devolverá ao deixar o país. Despois de retirar sua bagagem e passar pela alfândega (**Customs Control**), entregue o formulário de declaração alfandegária na saída.

LIÇÃO 3

Taking a bus to the city

At the bus station.
José Luis: Excuse me, do you sell tickets to New York?
Sales clerk: Yes, we do.
José Luis: OK. One ticket, please.
Sales clerk: One-way or roundtrip?
José Luis: One-way, please.
Sales clerk: Thirteen fifty.
José Luis: Sorry, how much?
Sales clerk: Thirteen dollars and fifty cents.

José Luis: Here you are... How long is the trip?
Sales clerk: About forty-five minutes.
José Luis: And where's the bus stop?
Sales clerk: Gate 11, over there on the right.
José Luis: Thank you. Oh, I almost forgot, when is the next bus?
Sales clerk: At four.
José Luis: At four... Good. Then I have time to buy a paper or a magazine, and...
Ah, I'm an idiot! My watch shows one o'clock but we're on the east coast. It's four o'clock here!
Sales clerk: Yeah, you better hurry.

Tomando o ônibus para a cidade

No terminal de ônibus.
José Luis: Com licença, vocês vendem passagens para Nova York?
Vendedor: Sim, vendemos.
José Luis: Ótimo. Uma passagem, por favor.
Vendedor: Só de ida ou ida e volta?
José Luis: Só de ida, por favor.
Vendedor: Treze e cinqüenta.
José Luis: Desculpe-me, quanto é?
Vendedor: Treze dólares e cinqüenta centavos.
José Luis: Aqui estão... Quanto tempo dura a viagem?
Vendedor: Uns quarenta e cinco minutos.
José Luis: E onde é a parada do ônibus?
Vendedor: No portão 11, ali à direita.
José Luis: Obrigado. Ah, quase esqueci, quando sai o próximo ônibus?
Vendedor: Às quatro.
José Luis: Às quatro... Ótimo. Então tenho tempo para comprar um jornal ou uma revista e... Ah, que idiota! No meu relógio é uma em ponto, mas estamos na costa leste. Aqui são quatro em ponto!
Vendedor: Sim, é melhor o senhor se apressar.

As partículas interrogativas – where, when, how?

Nos primeiros dias em um país estrangeiro, é comum que a pessoa pergunte o caminho a toda hora até chegar ao lugar desejado. Estas partículas interrogativas podem ajudar:

Where? Onde?
When? Quando?
How? Como?

Outras expressões comumente utilizadas são:

How much? Quanto é?
How long? Quanto tempo?

Exercícios, gramática | Lição 3

Exercício 1

Escreva a partícula interrogativa correspondente: *where*, *when* ou *how*.

1. .... is the next flight?
2. .... much is a one-way ticket?
3. .... is Terminal 1?
4. .... long is the trip?

Sorry

> Mais uma vez deparamos com essa expressão, mas agora em um contexto diferente: José Luis não entendeu o preço da passagem e pergunta de novo o valor. **Sorry**, neste caso, corresponde à expressão em português: "Como?", ou também "Pode repetir, por favor?".

Os números cardinais 11–100

11	eleven	21	twenty-one
12	twelve	22	twenty-two etc.
13	thirteen	30	thirty
14	fourteen	40	forty
15	fifteen	50	fifty
16	sixteen	60	sixty
17	seventeen	70	seventy
18	eighteen	80	eighty
19	nineteen	90	ninety
20	twenty	100	one hundred

Aprender a escrever corretamente os números em inglês é bem fácil. O sufixo **-teen** é usado do treze ao dezenove, e o **-ty** para as dezenas. Os números compostos são formados como em português, mas separando-se as palavras com um hífen em vez do "e" (**twenty-one**, **forty-five**, **seventy-two** etc.).

■ Observe que há exceções: **eleven, twelve** e **hundred**, e preste especial atenção às formas **four**, **fourteen** e **forty**.

Lição 3 — Exercícios, gramática

Exercício 2

No diálogo da Lição 3 aparecem números novos. **Procure-os, escreva-os em algarismos e por extenso** (ex.: **5** five).

....
....
....
....
....

As horas I

Para as horas exatas (em ponto), na maioria dos casos, utiliza-se a expressão *o'clock* (abreviatura de *of the clock*, "do relógio"):
twelve o'clock   doze horas (em ponto)
one o'clock   uma hora (em ponto) etc.

Para as demais, não se usa *o'clock*:
eleven-thirty   **half past eleven**   11h30

■ No dia-a-dia é comum o uso das abreviaturas **a.m.** e **p.m.** em vez das expressões equivalentes a "da manhã", "da tarde" e "da noite".

■ Por formarem um país tão grande, os Estados Unidos têm quatro fusos horários (*time zones*) distintos – sete, se contarmos os do Havaí, Alasca e Porto Rico. Os quatro fusos horários continentais são: *Pacific Standard Time (PST)*, *Mountain Standard Time (MST)*, *Central Standard Time (CST)* e *Eastern Standard Time (EST)*. Há uma hora de diferença entre cada fuso, começando pelo Pacífico. Os horários de serviços nacionais costumam incluir as abreviaturas indicadas entre parênteses para especificar o fuso. Os horários de viagens de aviões, ônibus intermunicipais e trens, em geral, não especificam o fuso horário porque sempre se referem à hora local, tanto do ponto de saída como do ponto de chegada.

Gramática, exercícios — Lição 3

O artigo indefinido – a, an

O artigo indefinido **a** aparece normalmente diante de substantivos que começam com **consoantes** (**b**, **g**, **s**, **v** etc.):

a bus	um ônibus
a paper	um jornal
a hotel	um hotel

assim como:

a university (pronunciado "yu...")   uma universidade

O artigo indefinido **an** aparece normalmente diante de substantivos que começam por **vogal** ou por **som de vogal**:

an airport	um aeroporto
an idiot	um idiota

assim como:

an hour   uma hora (o "h" é mudo, não se pronuncia)

As preposições – on, at, to, for, in

on the right	à direita
on the left	à esquerda
at	1. *lugar:* em (**at** the airport)
	2. *horas:* à(s) (**at** eleven-thirty)
to	a, para (the bus **to** New York)
for	para (the stop **for** New York)
in	em (we're **in** America)

A ou an?

1. The next bus is in .... hour.

2. It's .... blue, white and yellow bus.

3. Here is a blue and yellow bus. Is it .... New York bus?

4. Is it .... long trip?

Exercício 3

Lição 3 — Exercícios, gramática

5. I'm .... idiot. It's eleven o'clock here.

6. Is that ...... exit?

Exercício 4

Utilize a preposição correta:
at, for, from, in, on (2×) ou *to*.

1. Where are you ....?
2. I can't carry it .... the exit.
3. The passengers are .... the plane.
4. The bus stop is .... the right.
5. The ticket is .... the travel bag.
6. This is the stop .... Atlantic City.
7. The next bus is .... twelve o'clock.

Os pronomes demonstrativos – this, that

this   este, esta, isto
Costuma se referir a um objeto próximo de quem fala:
Is **this** the stop for New York?   Esta é a parada do ônibus para Nova York?

that   aquele, aquela, aquilo, esse, essa, isso
Refere-se a algo mais distante de quem fala. Em português, em alguns casos, pode ser omitido.
That's the Atlantic City bus.   Aquele é o ônibus para Atlantic City.
That's ten dollars.   São dez dólares.

A resposta afirmativa

Para responder afirmativamente, evite – na medida do possível – utilizar um simple **yes**, já que pode soar muito ríspido:
Is this the stop for New York? – Yes, **it is**.

Exercícios, vocabulário — Lição 3

Organize as frases e forme um diálogo com sentido.

1. thank you – excuse me – it's over there – yes? – where's the stop for New York City, please?

....
....
....
....

2. that's fifty-seven dollars – a ticket to Trenton, please – roundtrip – one-way or roundtrip?

....
....
....
....

Exercício 5

Vocabulário

a	um(a)	**east coast**	costa leste
America	Estados Unidos	**excuse me**	desculpe-me, com licença
an	um(a)	**fifty**	cinqüenta
better *em:*		**half**	meio(a)
you better hurry	(é) melhor se apressar	**Here you are!**	Tome, aqui está.
book	livro	**hour**	hora
bus	ônibus	**how**	como
bus stop	parada de ônibus	**how long**	quanto tempo (dura)
bus terminal	terminal de ônibus	**how much**	quanto é
buy	comprar	**hurry**	apressar-se, correr
cent(s)	centavo(s)	**idiot**	idiota
change	troco, trocado	**in**	em
dollar(s)	dólar(es)	**lady**	senhora ▶

THIRTY-SEVEN **37**

Lição 3 — Vocabulário, aspectos interculturais

magazine	revista	**stop**	parada, parar
man	homem	**this**	este(a), isto
minute	minuto	**to**	a, para
(news)paper	jornal	**trip**	viagem
next	seguinte, próximo(a)	**United States**	Estados Unidos
one-way	só de ida	**watch**	relógio de pulso
read	ler		
right *em:*		**when**	quando
on the right	à direita	**where**	onde
roundtrip	de ida e volta	**white**	branco(a)
sell	vender	**yellow**	amarelo(a)
sleep	dormir		

No ônibus

Ao tomar um ônibus, leve em consideração as seguintes expressões que você pode ouvir (ou ler) ou que talvez tenha de dizer:

a one-way ticket — um bilhete (ou passagem) simples ou só de ida
a roundtrip ticket — um bilhete de ida e volta
a transfer (ticket) — um bilhete de baldeação (para metrô ou ônibus)
cash/coins/cards only — só se aceita dinheiro/moedas/cartões

A rede de ônibus intermunicipais nos Estados Unidos cobre praticamente todo o território desse enorme país e oferece preços acessíveis, se comparados com os da rede ferroviária ou as viagens aéreas. Além disso, segundo dados estatísticos oficiais, é o meio de transporte mais seguro. Estudos oficiais também afirmam que grande parte dos milhões de passageiros que viajam em ônibus intermunicipais anualmente dispõe de veículo para percorrer a mesma distância, mas prefere viajar de ônibus porque é mais econômico e seguro.

Meeting people

LIÇÃO 4

Mrs. Young: Hello – you must be José Luis Rey.
José Luis: That's right. And you're Mrs. Young?
Mrs. Young: Yes. Nice to meet you, José Luis. Come in!
José Luis: Thank you.
Mrs. Young: Leave the bags in the hall. You must be tired and hungry.
José Luis: I'm not very hungry…
Mrs. Young: Have a cup of coffee and a sandwich, then?
José Luis: Mm, yes, please!
Mrs. Young: Come in and sit down…
This is Lucia – she's from Italy. And Akio – he's from Japan.
Lucia: Hello!
Akio: Hi!
José Luis: Hello – nice to meet you.

Lição 4 — Diálogo

Mrs. Young:	A sandwich for you two?
Akio:	No thanks, we're not hungry.
Mrs. Young:	Lucia and Akio are students at the Excel Language School, too. They're here for six months.
José Luis:	Is it a good school?
Lucia:	Well, I'm happy there, but Akio isn't.
José Luis:	Why?
Akio:	It's full of Japanese!
Mrs. Young:	Oh dear!

Conhecendo pessoas

Sra. Young:	Olá! Você deve ser José Luis Rey.
José Luis:	Exatamente, e a senhora é a sra. Young?
Sra. Young:	Sim. Muito prazer em conhecê-lo, José Luis. Entre!
José Luis:	Muito obrigado.
Sra. Young:	Deixe as malas na entrada. Você deve estar cansado e com fome.
José Luis:	Não estou com muita fome…
Sra. Young:	Então aceita uma xícara de café e um sanduíche?
José Luis:	Hmm, sim, por favor!
Sra. Young:	Entre e sente-se… Esta é Lucia – ela é da Itália. E Akio – ele é do Japão.
Lucia:	Olá!
Akio:	Oi!
José Luis:	Olá – muito prazer em conhecê-los.
Sra. Young:	Um sanduíche para vocês dois?
Akio:	Não, obrigado. Não estamos com fome.
Sra. Young:	Lucia e Akio também estudam na Escola de Idiomas Excel. Estão aqui por seis meses.
José Luis:	É uma boa escola?
Lucia:	Bem, eu estou satisfeita. Mas Akio não.
José Luis:	Por quê?
Akio:	Está cheia de japoneses.
Sra. Young:	Ai, meu Deus!

Gramática, exercícios — Lição 4

Os pronomes pessoais – he, she

Depois de termos estudado os pronomes **I** e **you**, veremos outros dois:
he ele **she** ela

Segue uma pequena lista com os pronomes que já conhecemos:

I	eu	**it**	ele, ela (neutro)
you	tu, você, o(a) senhor(a)	**we**	nós
		you	vocês, os(as) senhores(as)
he	ele	**they**	eles, elas
she	ela		

O verbo auxiliar modal – must

Must é um dos chamados verbos auxiliares defectivos. Só é conjugado no presente. É muito fácil de usar, pois só tem uma forma:

You **must** be Mrs. Young.	A senhora deve ser a sra. Young.
He **must** be Akio.	Ele deve ser Akio.
She **must** be hungry.	Ela deve estar com fome. Ela deve estar faminta.

Organize as palavras e forme frases com sentido.

Exercício 1

1. must/American/they/be

  ....

2. aren't/no/they

  ....

3. be/you/hungry/must

  ....

4. aren't/hungry/thanks/no/we

  ....

Lição 4 — Gramática, exercícios

O verbo to be

E, finalmente, a conjugação completa no presente do verbo **to be**:

I **am** →	I**'m**	eu sou/estou
you **are** →	you**'re**	tu és/estás, você é/está
he **is** →	he**'s**	ele é/está
she **is** →	she**'s**	ela é/está
it **is** →	it**'s**	ele/ela é, ele/ela está
we **are** →	we**'re**	nós somos/estamos
you **are** →	you**'re**	vocês são/estão
they **are** →	they**'re**	ele(as) são/estão

Portanto, só é preciso memorizar três formas: **am**, **is** e **are** e, conseqüentemente, suas formas abreviadas: **-'m**, **-'s** e **-'re**.

A negativa do verbo to be

I **am not** →	I**'m not**	eu não sou/não estou
you **are not** →	you **aren't**	tu não és/não estás, você não é/não está
he **is not** →	he **isn't**	ele não é/não está
she **is not** →	she **isn't**	ela não é/não está
it **is not** →	it **isn't**	ele/ela (neutro) não é/não está
we **are not** →	we **aren't**	nós não somos/não estamos
you **are not** →	you **aren't**	vocês não são/não estão
they **are not** →	they **aren't**	eles(as) não são/não estão

Exercício 2

Escreva a forma correta do verbo **to be**: **am, -'m not, is, -'s, isn't, are, -'re** ou **aren't**.

1. .... they hungry?
2. No, they ...., but they .... very tired.
3. We .... happy here, but she ....

Exercícios, gramática Lição 4

4. .... you two from Italy? – No, we ...., but they ....

5. No thanks, I .... full. I .... hungry.

O imperativo

Para poder dar conselhos e ordens é necessário dominar a forma imperativa. Para começar, basta conhecer o infinitivo do verbo que se queira utilizar:

Come in!	Entre!
Leave the bags here.	Deixe as malas aqui.
Sit down.	Sente-se.

Como se diz em inglês?
Relacione os números com as letras correspondentes.

1. Você pede a alguém que entre.
2. Você pede a alguém que deixe a mala no local.
3. Você pede a alguém que se sente.
4. Você apresenta alguém.
5. Você pede a alguém que se aproxime.

a Please come here.
b Meet José Luis Rey.
c Please come in.
d Leave your bag here.
e Sit down.

1. .....   **2.** .....   **3.** .....
4. .....   **5.** .....

Exercício 3

A partícula interrogativa – why?

Continuando, apresentamos um pronome interrogativo que serve para perguntar o motivo:
Why?   Por que... ?; Por quê?

Lição 4 — Gramática, exercícios

Os adjetivos

Os adjetivos têm a função de descrever com mais detalhes pessoas ou objetos:

You must be **tired**.	Você deve estar cansado.
I'm not **hungry**.	Não estou faminto.
	Não tenho fome.
It's a **good** school.	É uma boa escola.
I'm **happy** there.	Eu estou satisfeito(a).

O adjetivo em inglês é invariável (não há distinção entre masculino, feminino, singular e plural):

a **good** school	uma boa escola
a **good** hotel	um bom hotel

■ Alguns adjetivos ligados ao verbo **to be**, quando traduzidos para o português, passam a usar o verbo **ter** e transformam-se em substantivos.

He's hungry.	Ele tem fome./Está faminto.
I'm cold.	Tenho frio.
You're right.	Tens/Tem razão.

Exercício 4

Nestas frases algumas palavras foram trocadas. **Você saberia escrever as palavras corretas?**

1. Nice to leave you.

   ....

2. Meet the bags in the hall.

   ....

3. Oh dear, you must be hungry. Sit down.

   ....

4. Oh dear, you're tired. Have a sandwich.

   ....

5. The hall is full of Japanese students.

   ....

6. The school is full of bags.

   ....

Gramática, exercícios, vocabulário — Lição 4

a cup of...

Ao pedir um cafezinho ou um chá, seja bastante específico:
a cup of tea   uma xícara de chá
a cup of coffee   uma xícara de café

A omissão de *a cup of* pode dificultar a comunicação entre você e seu interlocutor.

Exercício 5

Você consegue decifrar estas palavras?
Todas são escritas com inicial maiúscula.

maircena	nixecam	najasepe
....	....	....
dananiac	tolina	
....	....	

Vocabulário

coffee	café	**nice to meet you**	muito prazer em conhecê-lo(a)
come in	entrar		
cup	xícara		
full of	cheio(a) de	**Oh dear!**	Ai, meu Deus!
hall	saguão, entrada	**people**	gente, pessoas
		sandwich	sanduíche
happy	feliz, satisfeito(a)	**school**	escola
		she	ela
he	ele	**sit down**	sentar-se
hungry	com fome, faminto	**student**	estudante, aluno(a)
Italy	Itália	**tea**	chá
Japan	Japão	**then**	então
Japanese	japonês(esa)	**tired**	cansado(a)
language school	escola de idiomas	**too**	também
		well	bem
leave	sair	**why**	por que, por quê
month	mês		
Mrs.	sra.	**you two**	vocês dois/duas
must be	dever ser		

FORTY-FIVE

Saudações e apresentações

Quando duas pessoas adultas se encontram pela primeira vez, elas costumam se cumprimentar com um **Nice to meet you** (Prazer em conhecê-lo[a]). Normalmente, a saudação vem acompanhada de um aperto de mãos. Desde o primeiro momento, José Luis utiliza **Mrs. Young** para dirigir-se a sua anfitriã:

Mrs. Young   sra. Young
Mr. Young   sr. Young

Mrs. é utilizado quando a mulher é casada. **Mr.** é usado para tratar com um homem, seja solteiro ou casado. E o que acontece com as mulheres solteiras? A expressão "politicamente correta" é **Ms.** (pronuncia-se "mis", com um "s" suave). A antiga forma **Miss** só deve ser usada caso a pessoa prefira ser tratada assim.

Para deixar as formalidades e passar ao uso do primeiro nome, siga o lema "em Roma, faça como os romanos": observe o que o seu interlocutor faz e espere o momento adequado para passar a tratá-lo pelo prenome.

In the wrong room

5

José Luis: Oh, this isn't my room! Sorry, Akio.
Akio: That's okay. Your room is opposite.
José Luis: Yes, of course. And Lucia's is next to it.
Akio: She has a bathroom in her room and a spare bed.
José Luis: And you have a nice big table and an extra chair… and a television set! Is it your TV?
Akio: Yes, it is. It's very good for my English.
José Luis: That's true! Does it have a sports channel?
Akio: It has three.
José Luis: I have my MP3 player, but I don't have a radio.
Akio: They have a radio in the kitchen and a satellite TV in the living room – and in the bedroom and the study!
José Luis: That's good. But I don't have time for that now.

A knock at the door.
Akio: Who is it? Oh, it's you, Lucia!
Lucia: Hello. Oh, hi, José Luis. Isn't Akio's room lovely?

José Luis:	Yes, it is. This is a nice house. And it has three bathrooms and four TVs!
Akio:	And very nice owners! One student in my class is with his third family already.
Lucia:	We're lucky. We're so happy here with Mr. and Mrs. Young.

No quarto errado

José Luis:	Ah, este não é o meu quarto! Desculpe-me, Akio.
Akio:	Tudo bem. Seu quarto é o da frente.
José Luis:	Sim, claro. E o da Lucia é o do lado.
Akio:	Ela tem um banheiro em seu quarto e uma cama para hóspedes.
José Luis:	E você tem uma bela mesa grande e uma cadeira extra… e um televisor! É seu o televisor?
Akio:	Sim. É muito bom para o meu inglês.
José Luis:	É verdade! Tem algum canal de esportes?
Akio:	Tem três.
José Luis:	Eu tenho o meu MP3, mas não tenho rádio.
Akio:	Eles têm um rádio na cozinha e um televisor via satélite na sala de estar – e no quarto e no escritório.
José Luis:	Que bom! Mas agora não tenho tempo para isso.
Batem à porta.	
Akio:	Quem é? Ah, é você, Lucia!
Lucia:	Olá. Ah, oi, José Luis. O quarto de Akio não é bonito?
José Luis:	É, sim. Esta é uma boa casa. E tem três banheiros e quatro televisores!
Akio:	E donos muito simpáticos! Um aluno da minha classe já está na terceira família.
Lucia:	Temos muita sorte. Estamos muito felizes com o sr. e a sra. Young!

Gramática, exercícios — Lição 5

Os pronomes possessivos adjetivos – my, your, his, her

my meu(s), minha(s)
your teu(s), tua(s), seu(s), sua(s)
his seu(s), sua(s) (dele)
her seu(s), sua(s) (dela)

Os pronomes possessivos adjetivos são usados para expressar posse. Diferentemente do português, em inglês não há uma terminação que indique gênero ou número. Entretanto, é necessário levar em consideração que há dois pronomes para a terceira pessoa do singular: se nos referimos a uma mulher, **her**; a um homem, **his**.

Exercício 1

Escolha a palavra correta:
my, your, his ou *her.*

1. Where's Lucia? Is she in .... room?

2. No, she isn't. She's with Akio. She must be in .... room.

3. Do you have .... Walkman with you?

4. No, but I have .... radio.

O caso genitivo

Quando queremos indicar a quem pertence alguma coisa, basta acrescentarmos um **-'s** ao nome da pessoa em questão.
Akio's room   o quarto de Akio
Lucia's bed   a cama de Lucia
Mrs. Young's house   a casa da sra. Young

■ Atenção: Não se esqueça de colocar o apóstrofo (')!

Quando e óbvio de que objeto se está falando, pode-se omitir o substantivo.
It's Lucia's.   É de Lucia./Pertence a Lucia.
This is Akio's.   É de Akio./Pertence a Akio.

Exercício 2

Complete o texto com -s ou -'s.

Lucia..... room is next to José Luis...... .
It's opposite Akio...... . It has a bed,
a table and two chair...... . She has got
her two suitcase..... and two bag..... on
the bed. Lucia..... bag..... are very
heavy. They're full of English book...... .

A resposta sintética com o verbo to be

Nas lições anteriores já vimos a resposta afirmativa sintética **"Yes, it is"**.

Seguem algumas outras formas:

Is it your TV?	O televisor é seu?
- Yes, **it is.**	- Sim.
- No, **it isn't.**	- Não.
Are you from Italy?	Você é da Itália?
- Yes, **I am.**	- Sim.
- No, **I'm not.**	- Não.

Interrogativas negativas

Estas, como as outras interrogativas, formam-se com a inversão de sujeito e verbo. No entanto, a abreviação negativa **-n't** não se separa do verbo.

Isn't Akio's room lovely? — O quarto de Akio não é bonito?

Aren't they nice? — Eles não são simpáticos?

As preposições – opposite, next to, with

A seguir temos mais algumas preposições:

opposite — em frente (de), do lado oposto
*Your room is **opposite** Akio's.* — Seu quarto fica em frente ao de Akio.

next to — ao lado (de)
*Lucia's room is **next to** it.* — O quarto de Lucia fica ao lado.

with — com
*He's **with** his third family.* — Ele está com sua terceira família.

have/has

Utilizando esta forma podemos expressar "posse":

I **have**	eu tenho
you **have**	tu tens, você tem, o(a) senhor(a) tem
he **has**	ele tem
she **has**	ela tem
it **has**	ele/ela tem (neutro)
we **have**	nós temos
you **have**	vocês têm, os(as) senhores(as) têm
they **have**	eles/elas têm

Lição 5 — Gramática, exercícios

> **don't have/doesn't have – a negativa**
>
> | I **do not have** | I **don't have** | eu não tenho |
> | you **do not have** | you **don't have** | tu não tens, você não tem |
> | he **does not have** | he **doesn't have** | ele não tem |
> | she **does not have** | she **doesn't have** | ela não tem |
> | it **does not have** | it **doesn't have** | ele/ela (neutro) não tem |
> | we **do not have** | we **don't have** | nós não temos |
> | you **do not have** | you **don't have** | vocês não têm |
> | they **do not have** | they **don't have** | eles/elas não têm |
>
> Repare que, na negativa, usa-se **have** e não **has** para a terceira pessoa (**he**, **she**, **it**): a conjugação correta ja foi indicada por **does not** ou **doesn't**.

Exercício 3

Escreva a forma correta do verbo *to have*: have/has, doesn't have/ don't have

1. The house has four bedrooms but it .... four bathrooms.

2. I'm lucky. I .... a bathroom in my room.

3. The house is lovely. It .... nice big rooms.

4. She .... an MP3 player but she .... a television set.

5. They .... satellite TV in the living room.

6. Excuse me. We .... two chairs but we .... a table.

7. I'm sorry, but I .... time for you now.

Gramática, exercícios — Lição 5

have/has – a interrogativa

Para formar uma frase interrogativa com o verbo **to have**, usam-se os auxiliares **does** (para **he**, **she**, **it**) e **do** (para os outros pronomes). Note que eles vêm antes do sujeito.

Do I have?	Eu tenho?
Do you have?	Tu tens?, Você tem?
Does he/she/it have?	Ele/Ela/Isso/Isto tem?
Do we have?	Nós temos?
Do you have?	Vocês têm?
Do they have?	Eles/Elas têm?

Relacione as frases correspondentes.
Você deseja saber se...

Exercício 4

1. alguém tem as horas.
2. o quarto tem televisão via satélite.
3. você e sua família têm bagagem.
4. a senhora tem um quarto agradável.
5. os estudantes têm os livros.

a   Do they have the books?
b   Do you have the time?
c   Do we have suitcases?
d   Does it have satellite TV?
e   Does she have a nice room?

1. .....   **2.** .....   **3.** .....   **4.** .....   **5.** .....

O partícula interrogativa – who?

Para perguntar por uma pessoa, utiliza-se **Who?** (Quem?). A seguir, um resumo das partículas interrogativas:

Where?	Onde?	**Why?**	Por quê?
When?	Quando?	**Who?**	Quem?
How?	Como?		

Essas partículas também são usadas em outro tipo de oração (p. ex., afirmativa), desempenhando outra função gramatical. Podem corresponder, por exemplo, a uma conjunção em orações subordinadas:

*I'm so happy **when** I'm in America.*   Sou tão feliz **quando** estou nos Estados Unidos!

Lição 5 — Exercícios, gramática

Exercício 5

Complete esta conversação telefônica:
how, *where* ou *who*.

A: Hello?

B: It's Robert Derford.

A: Hello, Robert. .... are you?

B: I'm all right, thanks. I'm in Baton Rouge.

A: Baton Rouge! ....'s that?

B: It's in Louisiana.

A: Louisiana? ....'s Louisiana?

B: In the United States. I'm here with Eila.

A: Eila? ....'s Eila?

B: She's Mrs. Derford.

A: Mrs. Derford? Well, third time's a charm.[1] Robert!

[1] a terceira vez é para valer

Os números ordinais 1st–10th

Os números ordinais expressam a posição de algo em uma série ou sucessão: primeiro(a), segundo(a)... décimo(a).

1st	*first*	*6th*	*sixth*
2nd	*second*	*7th*	*seventh*
3rd	*third*	*8th*	*eighth*
4th	*fourth*	*9th*	*ninth*
5th	*fifth*	*10th*	*tenth*

Gramática, vocabulário — Lição 5

Isn't it...?
Esta expressão é usada com muita freqüência em inglês; é uma pergunta retórica, ou seja, para a qual o falante não espera uma resposta (a não ser uma concordância), mas serve para reforçar a própria opinião.

> **Isn't Akio's room lovely?**
> O quarto de Akio não é bonito?

Vocabulário

already	já	**now**	agora
bathroom	banheiro	**of course**	é claro, naturalmente
bed	cama		
bedroom	quarto de dormir	**okay**	de acordo, tudo bem
big	grande	**opposite**	em frente (de)
chair	cadeira	**owner**	proprietário(a), dono(a)
channel	canal		
class	classe	**radio**	rádio
door	porta	**room**	quarto
English	inglês	**satellite** TV	televisão(or) via satélite
extra	extra		
family	família	**so** *em:*	
have/has	ter	**so lucky**	muita sorte
her	seu(s), sua(s) (dela)	**spare bed**	cama para hóspedes
his	seu(s), sua(s) (dele)	**sports**	esportes
		study	escritório
house	casa	**table**	mesa
kitchen	cozinha	**television (TV)**	televisão (TV)
knock	bater		
living room	sala de estar	**television set**	televisor
lovely	bonito(a)	**third**	terceiro(a)
lucky *em:*		**time**	tempo
be lucky	ter sorte	**true**	verdadeiro(a)
my	meu(s), minha(s)	**when**	quando
		who	quem
next to	ao lado de	**with**	com
nice	agradável, simpático(a)	**your**	teu(s), seu(s), tua(s), sua(s)

Lição 5 — Aspectos interculturais

Hospedagem nos EUA

Nos Estados Unidos, existem diversas alternativas para os visitantes que não podem se hospedar com parentes ou amigos. Para os que pretendem ficar pouco tempo, existem inúmeros hotéis, de todas as categorias, muitos dos quais podem ser encontrados ao longo das principais rodovias. Os albergues da juventude também são uma alternativa e estão presentes nas cidades mais importantes. Para desfrutar desse serviço, disponível no mundo todo, os visitantes precisam se inscrever e adquirir uma carteirinha em seu país de origem.

Para quem pretende ficar mais tempo – estudantes, por exemplo –, as principais universidades oferecem moradia estudantil. Muitos alunos deixam anúncios nos refeitórios, corredores e banheiros de suas instituições de ensino, com o intuito de encontrar um **roommate** e dividir um apartamento. Em muitas cidades, existem os chamados **efficiencies** – pequenos apartamentos ou **studios** mobiliados e equipados com os eletrodomésticos essenciais – para os viajantes que planejam passar temporadas mais longas. Muitos hotéis também contam com essas **efficiency suites**.

Eletricidade

A corrente alternada de 110 volts/60 ciclos é padrão nos Estados Unidos. As tomadas têm dois pinos chatos. Os estrangeiros que não têm aparelhos bivolt precisarão de um transformador e uma tomada adaptadora para barbeadores elétricos, secadores de cabelo e ferros de passar portáteis. Por sorte, cada vez mais hospedarias, motéis e hotéis contam com esses objetos para a comodidade do visitante.

LIÇÃO 6

At breakfast

José Luis:	Good morning!
Lucia:	Morning, José Luis!
José Luis:	Where is everybody?
Lucia:	Ah, here's Akio. Morning! The Youngs are at work.
Akio:	Yes, they get up at six-thirty, and Mr. Young leaves at quarter after seven.
Lucia:	He works for a bank in the city and he often gets back late.
Akio:	He lives at his office!
José Luis:	And Mrs. Young?
Lucia:	She goes ten minutes later. She teaches at an elementary school.
Akio:	Then we have our breakfast.
Lucia:	And we leave at twenty after eight.
Akio:	I always have lunch in town at noon and Lucia has a snack at the school in the afternoon.
Lucia:	And we usually come back for our dinner in the evening.
Akio:	Yes, we have dinner with the family.
José Luis:	The family?

▶

Lucia:	Mr. and Mrs. Young and Rover – that's their dog. They normally have their evening meal at seven-thirty.
Akio:	Lucia sometimes does the cooking.
Lucia:	It's good, because we speak English with American people.
José Luis:	And with an American dog!
Akio:	Yes, his English is very good!
Lucia:	Pancakes or bread, José Luis?
José Luis:	Bread, please. I love toast in the morning.
Akio:	You're in America now, José Luis. Have pancakes.
José Luis:	Okay. After all, this is my first American breakfast. I like eggs and bacon, too…

No café-da-manhã

José Luis:	Bom-dia!
Lucia:	Bom-dia, José Luis!
José Luis:	Onde estão todos?
Lucia:	Ah, aí está o Akio! Bom-dia! Os Young estão no trabalho.
Akio:	Sim. Eles acordam às 6h30 e o sr. Young sai de casa às sete e quinze.
Lucia:	Ele trabalha para um banco no centro e costuma voltar tarde para casa.
Akio:	Ele mora no escritório!
José Luis:	E a sra. Young?
Lucia:	Ela sai dez minutos mais tarde. Ela leciona em uma escola de ensino fundamental.
Akio:	Depois nós tomamos nosso café-da-manhã.
Lucia:	E saímos de casa às oito e vinte.
Akio:	Eu sempre almoço no centro e Lucia come alguma coisa na escola à tarde.
Lucia:	E normalmente voltamos para jantar no fim da tarde.
Akio:	Sim, jantamos com a família.
José Luis:	A família?
Lucia:	O sr. e a sra. Young e Rover – o cachorro deles. Eles normalmente jantam às sete e meia da noite.

Diálogo, gramática   Lição 6

Akio: Lucia às vezes cozinha.
Lucia: É bom, porque assim falamos inglês com
                 norte-americanos.
José Luis: E com um cachorro norte-americano!
Akio: Sim, o inglês dele é muito bom!
Lucia: Panquecas ou pão, José Luis?
José Luis: Pão, por favor. Adoro torradas de manhã.
Akio: Agora você está nos Estados Unidos, José Luis. Experimente as panquecas.
José Luis: Tudo bem. Afinal, é meu primeiro café-da-manhã nos Estados Unidos. Também gosto de ovos com bacon...

A formação do Simple Present

Para conjugar os verbos no Simple Present, temos de utilizar o infinitivo. Não existem terminações verbais para todas as pessoas, apenas a terceira pessoa do singular se diferencia das demais: ao infinitivo se acrescenta um **-s**.

I **speak**	eu falo
you **speak**	tu falas, você fala, o(a) senhor(a) fala
he/she/it **speaks**	ele/ela/isso/isto fala
we **speak**	nós falamos
you **speak**	vocês falam
they **speak**	eles/elas falam

■ Entretanto, é preciso observar algumas exceções: aos verbos que terminam em **-s**, **-sh**, **-ch** ou **-x** acrescenta-se **-es** na terceira pessoa.

I teach – she teach**es**	lecionar
we relax – he relax**es**	relaxar

Verbos que terminam com consoante (**m**, **r**, **s**, **v** etc.) + **-y** formam sua terceira pessoa do singular com a terminação **-ies** depois de eliminado o **y**:

we carry – she carr**ies**   levar, carregar

Os que terminam em **a**, **e**, **o**, **u** + **-y** formam a terceira pessoa da seguinte maneira:

I buy – he buy**s**   comprar

Neste caso, o **y** é mantido.

Além disso, preste atenção às seguintes formas **irregulares**:

I go – he go**es**	ir
we do – she do**es**	fazer
they have – she ha**s**	ter

O verbo **to be** tem três formas diferentes no presente do indicativo. Sua conjugação aparece na Lição 4.

Usos do Simple Present

O Simple Present costuma ser empregado para fazer referência a fatos ou ações que se repetem habitualmente ou com certa freqüência:

I usually get up at eight.	Normalmente me levanto às oito.
He always has bread.	Ele sempre come pão.
We speak English with them.	Nós falamos inglês com eles.

Com o Simple Present muitas vezes aparecem advérbios ou expressões como **usually**, **always**, **normally**, **often**, **sometimes**, que se referem à idéia de **freqüência**, **habitualidade** ou **repetição**. Esses advérbios são colocados entre o **sujeito** (*I*, *he* etc.) e o **verbo**.

Exercício 1

Coloque, se necessário, *-s* ou *-es*.

Tim and Penny live……. in New York. Tim work……. for a big bank in the city. He get……. up at six-thirty and leave……. the house at quarter past seven. Penny go……. to work later. She teach……. at an elementary school. They like……. their jobs, but they love……. their house and garden. Penny do……. her shopping at the supermarket in the afternoon. Tim get…… home at seven o'clock. He relax……. and Penny do……. the cooking.

Gramática, exercícios — Lição 6

Os pronomes possessivos adjetivos – our, their, its

Na Lição 5 encontramos alguns pronomes possessivos adjetivos.

Aqui estão os demais:
- **our** nosso(s), nossa(s)
- **their** seu(s), sua(s) (deles, delas)
- **its** seu(s), sua(s) (objetos, animais)

As formas dos pronomes possessivos adjetivos não variam.
- **my** meu(s), minha(s)
- **your** teu(s), tua(s), seu(s), sua(s)
- **his** seu(s), sua(s) (dele)
- **her** seu(s), sua(s) (dela)
- **its** seu(s), sua(s) (objetos e animais)
- **our** nosso(s), nossa(s)
- **your** seu(s), sua(s)
- **their** seu(s), sua(s) (deles, delas)

Ordene as palavras e forme frases com sentido.

Exercício 2

1. dog/loves/always/pancakes/our/its

   ....

2. normally/seven/dinner/they/their/have/at

   ....

3. usually/leave/we/dog/our/kitchen/the/in

   ....

4. sometimes/back/they/late/their/from/classes/come

   ....

Lição 6 — Gramática, exercícios

As horas II

quarter to eight	quinze para as oito
quarter after eight	oito e quinze
twenty after seven	sete e vinte
twenty-five after seven	sete e vinte e cinco
twenty-five to three	vinte e cinco para as três
ten to nine	dez para as nove

Exercício 3

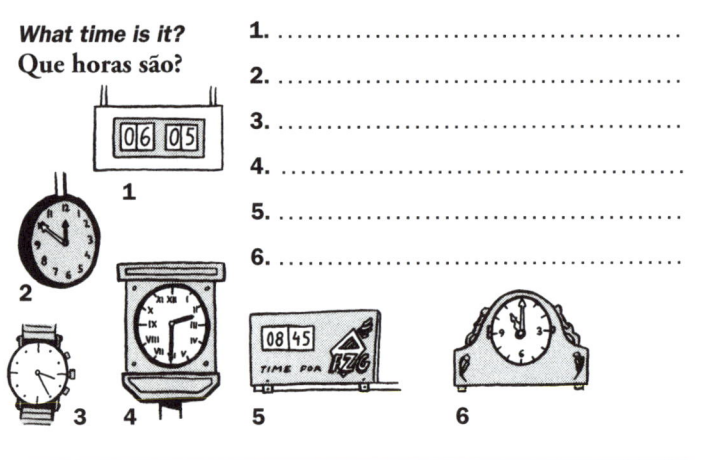

What time is it?
Que horas são?

1. ....
2. ....
3. ....
4. ....
5. ....
6. ....

As partes do dia

morning	manhã
in the morning	de manhã
noon	meio-dia
at noon	ao meio-dia
in the afternoon	à tarde
evening	fim da tarde, começo da noite
in the evening	no final da tarde/ começo da noite
night	noite
at night	à noite

Gramática, exercícios — Lição 6

Saudações em diferentes partes do dia

Além de *"Hello!"*, expressão que pode ser usada a qualquer hora do dia ou da noite, há outras saudações usadas nas diferentes partes do dia:

Morning!/Good morning!	Bom-dia!
Afternoon!/Good afternoon!	Boa-tarde!
Evening!/Good evening!	Boa-noite!

Expressões com o verbo to have

Na Lição 4 já vimos a expressão **have a sandwich.**

Conheça outras expressões com o verbo **to have**:

have breakfast	tomar o café-da-manhã
have lunch	almoçar
have dinner/supper	jantar/cear
have a snack	tomar lanche, comer alguma coisa
have a cup of tea/coffee	tomar uma xícara de chá/café
have an egg	comer um ovo

Escreva em inglês.

Exercício 4

1. Em geral eu me levanto às quinze para as sete.

   ....

2. Normalmente tomamos o café-da-manhã na cozinha.

   ....

3. No café-da-manhã tomamos café e comemos ovos com torradas.

   ....

Lição 6 — Exercícios, vocabulário

4. Em geral como um lanche ao meio-dia.

....

5. Freqüentemente falo inglês no trabalho.

....

Vocabulário

after all	no final das contas	**its**	seu(s), sua(s) (neutro)
afternoon	tarde (parte do dia)	**late**	tarde
always	sempre	**later**	mais tarde
at work	no trabalho	**leave**	sair
bacon	bacon	**live**	viver, morar
bank	banco	**love**	amar, gostar (de)
bread	pão		
breakfast	café-da-manhã	**lunch**	almoço
city	(centro da) cidade	**meal**	refeição
		morning	manhã
come back	voltar (para casa)	**noon**	meio-dia
		normally	normalmente
		office	escritório
cook	cozinhar	**often**	freqüentemente
dinner	jantar	**our**	nosso(s), nossa(s)
dog	cachorro		
egg	ovo	**pancakes**	panquecas
elementary school	escola de ensino fundamental	**quarter to**	quinze para
		snack	lanche
		sometimes	às vezes
evening	fim da tarde, começo da noite	**speak**	falar
		supper	ceia
		teach	ensinar, lecionar
everybody	todos, todo mundo	**then**	depois, então
garden	jardim	**their**	deles, delas
get up	levantar-se	**toast**	torrada
go	ir	**town**	cidade, povoado
half past	e meia		
have	ter	**usually**	normalmente, em geral

O café-da-manhã

bagel	pão em forma de rosca	**juice**	suco
		maple syrup	calda feita de seiva de bordo
boiled egg	ovo cozido		
butter	manteiga	**milk**	leite
cereal	cereais, granola etc.	**orange juice**	suco de laranja
fried egg	ovo frito	**scrambled eggs**	ovos mexidos
jam	geléia		
jelly	gelatina	**poached egg**	ovo pochê

Vocabulário adicional

■ Saiba que **marmalade** em inglês se refere apenas à geléia que é feita a partir de frutas cítricas, como a laranja. As outras geléias são denominadas **jam** ou **jelly**.

As refeições

O café-da-manhã típico nos Estados Unidos consiste em suco de frutas, torrada (ou **bagel** em lugares com influência judaica, como Nova York), pães doces (**muffins** ou **croissants**) com café ou chá (café continental), ou o serviço completo, quando há tempo para tanto: ovos com torradas ou **hash browns**, salsichas ou bacon, panqueca com **maple syrup** ou **waffles** de diversos sabores e cobertos com geléias de frutas.

O **brunch** (café-da-manhã e almoço) é servido geralmente aos domingos entre as 11h e as 15h. O almoço é servido do meio-dia às 14h e, em geral, é uma refeição leve, como um sanduíche, um cachorro quente ou um hambúrguer, acompanhado de um refresco que pode ser comprado na rua.

O jantar é a principal refeição, e portanto é feita em família. Pode ser servido a partir das 17h30 até altas horas da noite, muitas vezes começando com coquetéis e acompanhado de vinho.

Teste 1

Teste 1	**1** Escolha uma das respostas e então vá para a casa indicada.	**2** The suitcases ... over there. are ⇨ 8 is ⇨ 15
	6 Errado! Volte ao número 8.	**7** Errado! Volte ao número 4.
	11 Errado! Volte ao número 29.	**12** Muito bem, continue: Lucia's ... are heavy. bags ⇨ 16 bag's ⇨ 24
	16 Bom, continue: ... are you? How ⇨ 22 Why ⇨ 18	**17** Errado! Volte ao número 22.
	21 Errado! Volte ao número 13.	**22** Correto! They have ... supper late. his ⇨ 17 their ⇨ 19
	26 Errado! Volte ao número 30.	**27** Bom, continue: She goes ... school later. at ⇨ 23 to ⇨ 12

Teste 1

3 Errado!

Volte ao número 5.

4 Bom, continue:
... she got her tickets?

Has ⇨ 20
Is ⇨ 7

5 Correto, continue:
We usually ... dinner at 7 o'clock.
doesn't have ⇨ 3
have ⇨ 13

8 Correto, continue:
Are you American? Yes, ...
I'm ⇨ 6
I am ⇨ 25

9 Errado!

Volte ao número 25.

10 Errado!

Volte ao número 14.

13 Correto, continue:
He ... at a bank.

work ⇨ 21
works ⇨ 29

14 Muito bem, continue:
He ... a lovely house.
is ⇨ 10
has ⇨ 30

15 Errado!

Volte ao número 2.

18 Errado!

Volte ao número 16.

19 Correto!

Fim do exercício.

20 Muito bem! Continue:
The dog loves ... pancakes.
its ⇨ 5
it's ⇨ 28

23 Errado!

Volte ao número 27.

24 Errado!

Volte ao número 12.

25 Muito bem, continue:
... he hungry?

Is ⇨ 14
Has ⇨ 9

28 Errado!

Volte ao número 20.

29 Muito bem! Continue:
They ... at 9 o'clock.

leaves ⇨ 11
leave ⇨ 27

30 Correto, continue:
You ... a TV.

aren't ⇨ 26
don't have ⇨ 4

LIÇÃO 7

The lost key

José Luis: Look, there's a key on the fridge.
Akio: Whose key is it?
Lucia: I don't know. My key's in my pocket.
José Luis: And my key's upstairs.
Akio: It must be Mrs. Young's.
Lucia: I don't think it is. She doesn't forget things.
Akio: Yes, but she sometimes leaves her key on the fridge.
Lucia: Let me see. Oh, yes, it's her keychain! She can't get in.
José Luis: Why not?
Lucia: She gets back at four and we don't usually get home before five.
Akio: And Mr. Young doesn't finish work before seven.
Lucia: What can we do?
José Luis: Well, I can come home after lunch.

Diálogo

Lição 7

Akio: That's right – you don't come to the conversation class at two.
José Luis: No, I don't. So that's no problem.

In the afternoon.
Mrs. Young: Hello, José Luis! You're back early.
José Luis: I know.
Mrs. Young: But why aren't you inside? It's wet and cold outside and you don't have a coat on.
José Luis: I can't get in.
Mrs. Young: Why not?
José Luis: Because my key's in my room.
Mrs. Young: Oh. But that's no problem now. I have the key somewhere in this bag…
José Luis: But, er, Mrs. Young…
Mrs. Young: Oh dear, where's my key? I can't find it.
José Luis: Well, um, Mrs. Young… it's in the kitchen – on the fridge.

A chave perdida

José Luis: Olhem, há uma chave em cima da geladeira.
Akio: De quem é a chave?
Lucia: Não sei. Minha chave está no meu bolso.
José Luis: E a minha chave está lá em cima.
Akio: Deve ser da sra. Young.
Lucia: Acho que não. Ela não é de esquecer as coisas.
Akio: Sim, mas às vezes deixa a chave dela em cima da geladeira.
Lucia: Deixe ver. Ah, sim, é o chaveiro dela! Não vai conseguir entrar em casa.
José Luis: Por que não?
Lucia: Ela volta às quatro, e nós normalmente não voltamos para casa antes das cinco.
Akio: E o sr. Young não termina o trabalho antes das sete.
Lucia: Que podemos fazer?
José Luis: Bom, eu posso voltar depois do almoço.
Akio: Tem razão, você não vai à aula de conversação às duas.
José Luis: Não. Então não tem problema.

Lição 7 — Diálogo, gramática, exercícios

À tarde.
Sra. Young: Oi, José Luis! Você voltou cedo.
José Luis: Eu sei.
Sra. Young: Mas por que não está lá dentro? Aqui fora está frio e úmido, e você não está vestindo um casaco.
José Luis: Não consigo entrar.
Sra. Young: Por que não?
José Luis: Porque minha chave está no meu quarto.
Sra. Young: Ah. Mas não tem problema. Eu tenho a chave em algum lugar nesta bolsa...
José Luis: Mas, sra. Young, a...
Sra. Young: Ai, onde está minha chave? Não consigo encontrá-la.
José Luis: Bem, há..., sra. Young... está na cozinha – em cima da geladeira.

A partícula interrogativa – whose?

Whose?	De quem?
Whose key is it?	De quem é a chave?
	A quem pertence a chave?
Whose dogs are they?	De quem são os cachorros?
	A quem pertencem os cachorros?

Exercício 1

De quem é?
Construa frases com whose.

1. Whose key is it?
2. ....?
3. ....?
4. ....?
5. ....?
6. ....?

1 (chave)
2 (anel)

Exercícios, gramática Lição 7

3 4 5 6

Complete as frases com *my, your, his, her, our* ou *their*.
Exemplo: *It's Mr. and Mrs. Young's house. – It's their house.*

1. It's Mr. Young's key.

It's ....

2. We have a problem.

It's ....

3. José Luis has a problem.

It's ....

4. I have a dog outside.

It's ....

5. The Youngs have a garden.

It's ....

Exercício 2

O Simple Present – a negativa

A negativa do Simple Present forma-se com a ajuda do verbo auxiliar *to do*:
***do* + *not* + infinitivo do verbo principal**

I **don't know**   Eu não sei, etc.
you **don't know**
he/she/it **doesn't know**
we **don't know**
you **don't know**
they **don't know**

Mais uma vez, a terceira perssoa do singular é a única que varia:
he/she/it **doesn't know**.

Lição 7 — Exercícios, gramática

Exercício 3

Passe para a negativa.

1. I know where the key is.

....

2. She gets back at three.

....

3. He comes to the conversation class.

....

4. They get home at five.

....

5. You forget things.

....

6. We think it's a good thing.

....

7. I like my milk cold.

....

Posição dos advérbios de freqüência

Em uma frase negativa, o advérbio de freqüência costuma ficar entre *don't/doesn't* e o **verbo principal**:

We **don't usually get** home before five.	Normalmente não voltamos para casa antes das cinco.
He **doesn't always have** breakfast.	Ele nem sempre toma café.

Sometimes, porém, costuma aparecer no começo da frase.

Sometimes we don't have dinner at home.	Às vezes, não jantamos em casa.

Exercícios, gramática, vocabulário — Lição 7

Exercício 4

Reescreva cada oração, colocando o advérbio de freqüência no lugar correto.

1. She doesn't forget things. (often)

   ....

2. We don't leave the dog outside. (usually)

   ....

3. They don't have problems. (always)

   ....

4. He doesn't come home late at night. (normally)

   ....

5. You don't get in so early. (usually)

   ....

6. I don't find the time. (often)

   ....

Expressões com o verbo to get

O verbo **to get** é usado em muitas expressões. Na lição passada, vimos a expressão **get up** (levantar-se).

Aqui estão novos exemplos do último diálogo:

get in	entrar
get back	voltar
get home	voltar para casa

Vocabulário

after	depois	**cold**	frio
back *em:*		**come home**	voltar para casa
be back	estar de volta	**conversation**	conversa, conversação
because	porque		
before	antes (de)	**early**	cedo
coat	casaco	**find**	encontrar

finish	terminar	**lost**	perdido(a)
forget	esquecer	**no problem**	sem problema
fridge	geladeira, refrigerador	**outside**	fora
get back	voltar	**pocket**	bolso
get home	voltar para casa	**see**	ver
get in	entrar	**somewhere**	em algum lugar
have something on	usar ou vestir algo	**thing**	coisa
inside	dentro	**think**	pensar, achar
key	chave	**upstairs**	no andar de cima
keychain	chaveiro	**wet**	úmido(a)
know	saber	**what**	o que
let	deixar, permitir	**whose**	de quem
look	olhar	**why not**	por que não

Horários de trabalho

Em inglês, a expressão corrente *nine to five* se refere à jornada de trabalho (ou seja, trabalha-se das nove às cinco). Contudo, os horários de trabalho nos Estados Unidos são cada vez mais flexíveis. Algumas empresas oferecem o chamado *flex time* (jornada flexível). Em geral, as empresas e lojas não fecham nem deixam de atender ao público durante o horário de almoço. Muitos norte-americanos levam o almoço para o trabalho e comem ali mesmo em seu escritório. Em muitos casos, organizam-se turnos de almoço para que os balcões de atendimento ao público e as linhas telefônicas não fiquem abandonados. Também se usa a expressão **24/7**, *twenty-four-seven*, para indicar que um negócio ou serviço funciona 24 horas por dia, sete dias por semana.

LIÇÃO 8

Keeping fit

José Luis: Hi, Akio! Do you have class on Friday afternoons?
Akio: No, I don't. I meet a friend here and we go to our sports club.
José Luis: What do you do there? Do you do Sumo wrestling?
Akio: No, we don't! We play basketball.
José Luis: How much does it cost?
Akio: It doesn't cost much for students. Do you want to come?
José Luis: Maybe next time.
Akio: Okay.
José Luis: Do men and women go there?
Akio: Yes, they do. Why do you ask?
José Luis: Oh, I don't know. Does Lucia go there, too?
Akio: No, she doesn't. She sometimes goes to the Viking Gym on Saturdays.
José Luis: The Viking Gym?
Akio: Gym is short for gymnasium.

José Luis:	Oh. What does she do there?
Akio:	Exercises.
José Luis:	Exercises?
Akio:	You know, bodybuilding exercises.
José Luis:	I see. She doesn't do Sumo wrestling, then?
Akio:	No, of course not! Only very heavy men do Sumo wrestling.
José Luis:	Not heavy women?
Akio:	José Luis, don't be so fresh!

Mantendo a forma

José Luis:	Olá, Akio! Você tem aulas às quintas à tarde?
Akio:	Não. Encontro com um amigo aqui e vamos ao clube esportivo.
José Luis:	O que vocês fazem por lá? Lutam sumô?
Akio:	Não! Jogamos basquete.
José Luis:	Quanto custa?
Akio:	Não é muito caro para estudantes. Quer vir?
José Luis:	Talvez da próxima vez.
Akio:	Certo.
José Luis:	Homens e mulheres vão ao clube?
Akio:	Sim. Por que pergunta?
José Luis:	Ah, não sei. A Lucia também vai?
Akio:	Não. Às vezes, ela vai à Viking Gym aos sábados.
José Luis:	Viking *Gym*?
Akio:	*Gym* é a abreviatura de academia de ginástica.
José Luis:	Ah, e o que ela faz lá?
Akio:	Exercícios.
José Luis:	Exercícios?
Akio:	Você sabe, exercícios de musculação.
José Luis:	Entendo. Então ela não luta sumô?
Akio:	Não, claro que não. Só homens muito pesados lutam sumô.
José Luis:	E as mulheres pesadas, não?
Akio:	José Luis, não seja tão impertinente!

Gramática, exercícios — Lição 8

O Simple Present – a interrogativa

A forma interrogativa do verbo **to be** e do verbo auxiliar modal **can** se dá pela inversão de sujeito e verbo (neste caso, **be** ou o auxiliar **can**):

Is she here? — Ela está aqui?
Can he speak English? — Ele sabe falar inglês?

Nos demais casos, forma-se a interrogativa colocando-se o verbo auxiliar **to do** antes do verbo principal:

You like bread. — Você gosta de pão.
Do you like bread? — Você gosta de pão?
He plays basketball. — Ele joga basquete.
Does he play basketball? — Ele joga basquete?

A estrutura da oração é a mesma da afirmativa, e o verbo principal permanece no infinitivo (aqui: **like**, **play**).

Do ou **does**?

1. .... she keep fit?
2. .... they like the sports club?
3. .... we want breakfast?
4. .... men and women go there?

Exercício 1

Perguntas com partículas interrogativas

Também nas perguntas introduzidas por partículas interrogativas se utiliza o **verbo auxiliar to do**:

What do you play? — O que vocês jogam?
Why do you ask? — Por que pergunta?
Where do you go to school? — Onde você estuda?
How much does it cost? — Quanto custa?

Lição 8 — Exercícios, gramática

Exercício 2

Formule perguntas com a ajuda das palavras que aparecem a seguir.

1. It doesn't cost much. – How/much/cost?

   ....?

2. We play basketball. – When/you/play?

   ....?

3. He goes on Fridays. – Why/he/go/on Fridays?

   ....?

4. They play on Saturdays. – Where/they/play?

   ....?

5. I like Sumo wrestling. – Why/you/like/it?

   ....?

Respostas sintéticas com to do

Assim como no caso de **can**, nas respostas sintéticas se repete o verbo auxiliar **to do**:

Do you speak English?	Você fala inglês?
- Yes, **I do**.	- Sim.
- No, **I don't**.	- Não.
Does he like juice?	Você gosta de suco?
- Yes, **he does**.	- Sim.
- No, **he doesn't**.	- Não.

O imperativo negativo

Para formar o imperativo negativo, basta colocar **don't** antes do verbo (no **infinitivo**).

Don't be so fresh!	Não seja tão impertinente!
Don't forget your key.	Não esqueça sua chave.

Exercícios, gramática   Lição 8

Complete o diálogo usando as respostas sintéticas.

A: Do you go to the sports club?

B: Yes, ...

A: Does it cost much for students?

B: No, ...

A: Do they do karate?

B: Yes, ...

A: Does Tony go with you?

B: Yes, ...

A: Do you two do Sumo wrestling there?

B: No, ...

Exercício 3

Os dias da semana

Sunday	domingo
Monday	segunda-feira
Tuesday	terça-feira
Wednesday	quarta-feira
Thursday	quinta-feira
Friday	sexta-feira
Saturday	sábado

Complementos de tempo e lugar

Para expressar uma **ação que acontece regularmente** ou **a uma determinada hora do dia**, pode-se acrescentar um **-s** ao advérbio ou à expressão de tempo.

I go to the sports club   Vou ao clube às sextas.
on Friday(s).

We have dinner with the   Jantamos com os Young
Youngs **in the evening(s).**   à noite.

SEVENTY-NINE

Lição 8 Gramática, exercícios

■ Quando complementos de tempo e lugar aparecem juntos, o de lugar vem antes do de tempo, como vimos. Essa é sua posição "neutra" na frase.
Se, em vez disso, a intenção é enfatizar o momento da ação, o complemento de tempo pode aparecer no começo da frase.
On Fridays *I go to the sports club.*

O verbo – want to

Em inglês existem alguns verbos que se ligam a outros por meio de **to**. Esse é o caso do verbo **to want**:

Do you **want to come?** Você quer vir?
She **wants to meet** her friends. Ela quer se encontrar com seus amigos.

Exercício 4

Ordene as palavras e forme frases com sentido.

1. wants/meet/he/on/his/Saturday/to/friends

   ....

2. mornings/do/we/in/don't/the/sport

   ....

3. afternoon/on/to/you/want/come/do/Monday ?

   ....

4. on/play/Fridays/they/usually/tennis

   ....

5. the/in/cook/she/does/family/for/the/evenings ?

   ....

Gramática Lição 8

Plurais irregulares I

No diálogo aparecem as duas formas mais comuns de plural irregular:

man	**men**	homem, homens
woman	**women**	mulher, mulheres

Substantivos com ou sem artigo definido the

Compare as duas frases a seguir:

*We go **to the Excel** Vamos à Escola de Idiomas Excel.
Language School.*

*She goes **to school*** Ela vai à escola aos sábados.
on Saturdays.

Em ambos os casos se trata de uma escola. Por que então aparece o artigo **the** na primeira frase e não na segunda?

Muitas palavras aparecem sem o artigo **the** quando usadas no sentido de "instituição", como ocorre na segunda frase. Se alguém se refere a um exemplo concreto, um lugar específico, então se usa o artigo (veja a primeira frase). Eis alguns exemplos desse tipo de palavras:

bed	cama
church	igreja
hospital	hospital
prison	prisão
school	escola

Outro exemplo, para que fique claro:

*He's **at school**.* Ele está na escola.
*He works **at the school*** Ele trabalha na escola (que fica)
on 5th Avenue. na Quinta Avenida.

Na primeira frase se trata da escola como instituição: uma escola, sem especificar de qual se trata. A segunda frase se refere a uma determinada escola, a um edifício do qual se tem uma imagem mental: a escola na Quinta Avenida.

Lição 8 — Vocabulário, aspectos interculturais

Vocabulário

ask	perguntar
basketball	basquete
bodybuilding	musculação
cost	custar
exercises	exercícios
fresh	impertinente
friend	amigo(a)
gym, gymnasium	academia de ginástica
keep fit	manter a forma
maybe	talvez
meet	encontrar-se com
men *(pl.)*	homens
next time	a próxima vez
only	só, apenas
play	jogar
see	*aqui:* entender
short	*aqui:* abreviatura
sports club	clube esportivo
want	querer
woman	mulher
women *(pl.)*	mulheres
wrestling	luta

Esporte

O esporte desempenha um papel de destaque na vida pública americana. Uma competição esportiva importante pode paralisar a população durante o tempo que dure a disputa. Os esportes mais populares são o basquete (**basketball**), o beisebol (**baseball**), o futebol americano (**football**) e o hóquei (**hockey**).

Estas são algumas palavras e expressões que lhe serão muito úteis quando quiser falar de seu esporte favorito:

ball	bola	**team**	equipe, time
game	partida, jogo	**player**	jogador(a)
to win	ganhar	**score**	placar
winner	ganhador(a)		

Let's go see the game!	Vamos ver o jogo!
What a game!	Que jogaço!
It was a beautiful move!	Que linda jogada!
We win!	Ganhamos!

LIÇÃO 9

Shopping in town

José Luis: Do you have any sweet apples, please?
Man: These are very sweet.
José Luis: I'd like two pounds please, and a pound of those black grapes… and this pineapple.
Man: That's $9.60… and 40 cents change.
José Luis: Thank you.

Lucia: José Luis! You're shopping, too.
José Luis: Yes, I'm buying some fruit. I don't have any at home.
Lucia: I'm getting some things for Mrs. Young. She's very busy.
José Luis: Oh?
Lucia: Yes, she's buying clothes downtown. So I'm doing the shopping and the cooking today.
José Luis: That's very good of you, Lucia.
Lucia: I'm enjoying it. It's fun.
José Luis: I'd like some Italian food, please.

Lição 9   Diálogo

> *Lucia:* Well, you're lucky. I'm cooking lasagne. The Youngs aren't home this evening.
> *José Luis:* And Akio...? Is he having dinner at home, too?
> *Lucia:* No, he isn't. He goes to his sports club on Fridays and he often comes back late.
> *José Luis:* Oh, OK. I'm really looking forward to dinner!

Fazendo compras no centro da cidade

José Luis: Você tem maçãs doces, por favor?
Homem: Estas são muito doces.
José Luis: Eu queria duas libras, por favor, e uma libra daquelas uvas pretas... e este abacaxi.
Homem: São $9,60... e 40 centavos de troco.
José Luis: Obrigado.
Lucia: José Luis! Você também está fazendo compras.
José Luis: Sim, estou comprando frutas. Não tenho nenhuma em casa.
Lucia: E eu estou comprando algumas coisas para a sra. Young. Ela está muito ocupada.
José Luis: É mesmo?
Lucia: Sim, está comprando roupas no centro. Então eu vou fazer as compras e cozinhar hoje.
José Luis: É muito gentil de sua parte, Lucia.
Lucia: Estou gostando. É divertido.
José Luis: Eu queria comida italiana, por favor.
Lucia: Você está com sorte. Vou preparar lasanha. Os Young não estarão em casa esta noite.
José Luis: E Akio? ... Ele também vai jantar em casa hoje à noite?
Lucia: Não. Às quintas ele vai ao clube esportivo e costuma voltar tarde para casa.
José Luis: Bem, estou ansioso pelo jantar!

Gramática   Lição 9

A formação do Present Continuous

Consiste em **am/are/is** ou suas formas abreviadas + **verbo principal** + *ing*:

I'm coming	estou chegando, etc.	*we're coming*
you're coming		*you're coming*
he's/ she's/ it's coming		*they're coming*

Ao infinitivo do verbo principal se agrega a desinência *-ing*:
buy + *-ing* = **buying**

■ Entrentato, não esqueça que:
Quando o verbo termina em consoante (**b**, **k**, **m** etc.) precedida por uma vogal tônica breve (**a**, **e**, **i**, **o**, **u**), dobra-se a consoante final:
*ge**t** – ge**tt**ing*   obter
stir – stirring   mexer, misturar

O *-l* final também é dobrado:
travel – travelling   viajar

O *-e* mudo final desaparece:
come – coming   vir, chegar

A terminação *-ie* se transforma em *-ying*:
lie – lying   estar deitado, jazer

Usos do Present Continuous

O Present Continuous é usado para descrever ações transitórias ou que estão ocorrendo no momento em que se fala:
I'm buying some fruit. Estou comprando frutas.
Lucia's doing the cooking. Lucia está cozinhando.
I'm enjoying it. Estou gostando.

■ **Atenção**: nem sempre se traduz o Present Continuous como o gerúndio do português. Muitas vezes, basta (ou se faz necessário) traduzi-lo como presente ou futuro do indicativo, dependendo do contexto:
He's coming today. Ele chega hoje.
I'm cooking lasagne tonight. Prepararei (Vou preparar) lasanha hoje à noite.

Lição 9 Exercícios, gramática

Exercício 1

O que estas pessoas estão fazendo?
Utilize os seguintes verbos: *cook*, *enjoy*, *have*, *buy*.

1. She .... some clothes.
2. They .... spaghetti.
3. He .... his dinner.
4. They .... the film.

O Present Continuous – a negativa

I'm not writing	não estou escrevendo, etc.
you aren't writing	
he/she/it isn't writing	
we aren't writing	
you aren't writing	
they aren't writing	

EIGHTY-SIX

Gramática, exercícios — Lição 9

O Present Continuous – a interrogativa

Am I **writing?** Estou escrevendo?, etc.
Are you **writing?**
Is he/she/it **writing?**
Are we **writing?**
Are you **writing?**
Are they **writing?**

O Present Continuous – a forma interrogativa negativa

Aren't I **writing?** Não estou escrevendo?
Aren't you **writing?** Você não está escrevendo?, etc.
Isn't he/she/it **writing?**
Aren't we **writing?**
Aren't you **writing?**
Aren't they **writing?**

Exercício 2

Relacione as respostas com as perguntas correspondentes.

1. Are you looking forward to dinner?
2. Is the key lying on the fridge?
3. Is José Luis getting up?
4. Are they enjoying those grapes?

a Yes, they are. They're very sweet.
b No, it isn't. It's in my bag.
c Yes, I am. I love Italian food.
d No, he isn't. He's tired.

1. ..... **2.** ..... **3.** ..... **4.** .....

Lição 9 Exercícios, gramática

Exercício 3

Faça as perguntas correspondentes utilizando os verbos: *get up, leave, come, look forward to, enjoy.*

Você quer saber se...

1. Lucia está se levantando.

....

2. O ônibus está saindo.

....

3. Lucia e Akio virão.

....

4. José Luis está ansioso pelo jantar.

....

5. Alguém está se divertindo com o filme.

....

---

some – any

Some e **any** são usados para expressar uma **quantidade** ou um **número não especificado**:

Some aparece em **orações afirmativas** ou em **perguntas** para as quais se espera uma **resposta afirmativa**:
I'm getting **some things** for Mrs. Young. Estou comprando algumas coisas para a sra. Young.
Are you buying **some fruit?** Você está comprando frutas?

Any aparece em **orações negativas** ou em **perguntas** para as quais a **resposta é duvidosa**:
I don't have **any fruit.** Não tenho fruta nenhuma.
Do you have **any pineapples?** Você tem abacaxis?

Exercícios, gramática Lição 9

Exercício 4

Construa frases negativas. Não se esqueça de que, na negativa, se utiliza **any** em vez de **some**.

1. He's buying some fruit.
   ....

2. They're meeting some friends.
   ....

3. I'm having some toast.
   ....

4. She's getting some tickets.
   ....

5. We're going to the sports club.
   ....

6. You're doing the cooking.
   ....

I'd like

> **I'd like** é a forma abreviada de **I would like** e corresponde, em português, a "Eu gostaria/Eu queria...":
> **I'd like some Italian food, please.**

Os pronomes demonstrativos – these, those

Como no caso de **this** e **that** (veja a Lição 3), **these** (estes, estas) costuma se referir a algo próximo e **those** (aqueles, aquelas, esses, essas) a algo que se encontra a certa distância de quem fala.

How much are those grapes?	Quanto custam aquelas uvas?
These pineapples are very good.	Estes abacaxis estão muito bons.

Lição 9 — Exercícios, gramática

Exercício 5

Você quer comprar algumas coisas. **Como falaria?**
Exemplos:
I'd like that bag, please.
I'd like those sandwiches, please.

1. ....
2. ....
3. ....
4. ....
5. ....

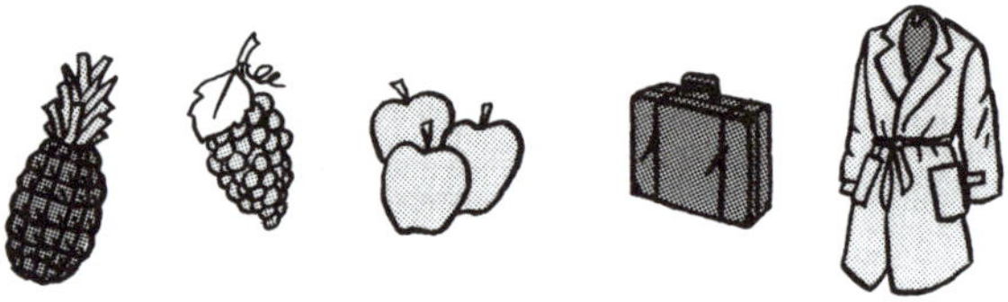

1   2   3   4   5

---

no

| **no** | nenhum(a), nenhuns, nenhumas, nada |

Atenção: em português nem sempre se traduz literalmente.

| ***No hamburgers?*** | Não tem hambúrguer? |
| ***No apples?*** | Não tem maçã? |

No é invariável.

Gramática, vocabulário — Lição 9

Preços

$9.60	pronuncia-se:	**nine sixty** ou **nine dollars and sixty cents**
40¢	pronuncia-se:	**forty cents**
1¢	pronuncia-se:	**one cent** ou **one penny**

Vocabulário

any *em:*	
not any	nenhum(a)
apple	maçã
black grapes	uvas pretas
busy	ocupado(a)
buy	comprar
clothes	roupas
downtown	centro (da cidade)
eat	comer
enjoy	gostar de, fazer algo com prazer
food	comida
fruit	fruta
fun	divertido(a)
grape	uva
hamburger	hambúrguer
home	casa
lasagne	lasanha
like *em:*	
I'd like	eu gostaria, eu queria
look forward to	estar ansioso por, não ver a hora de
no	nenhum(a), nada
pineapple	abacaxi
pound	libra *(454 gramas)*
really	realmente
shop	comprar
shopping *em:*	
do the shopping	ir às compras, comprar
some	alguns, algumas
spaghetti	espaguete
sweet	doce
these	estes(as)
those	esses(as), aqueles(as)
today	hoje
tonight	hoje à noite

Lição 9 — Vocabulário, aspectos interculturais

Vocabulário adicional

Frutas e verduras

banana	banana	**lettuce**	alface
beans	feijões	**mushrooms**	cogumelos
cabbage	repolho	**orange**	laranja
cauliflower	couve-flor	**peas**	ervilhas
cucumber	pepino	**pear**	pêra
lemon	limão	**tomato**	tomate

A moeda

O dólar norte-americano se divide em 100 centavos. As moedas são as seguintes:

1¢: *penny*, 5¢: *nickel*, 10¢: *dime*, 25¢: *quarter*, 50¢: *half dollar* (rara), $1: *dollar* (rara)

São comuns as notas de $1, $5, $10, $20, $50 e $100. Todas as notas são do mesmo tamanho e cor (apesar de o desenho da nova nota de $100 variar levemente), de maneira que, antes de pagar, confira bem seu dinheiro para evitar equívocos. Em alguns quiosques e até mesmo em algumas lojas, sobretudo de alimentos, não são aceitas notas superiores a $20. Por isso, leve sempre dinheiro trocado.

Horários de funcionamento

Os horários de funcionamento das lojas norte-americanas são bem flexíveis. A maioria delas fica aberta das 9h às 19h e, em alguns casos, até 20h. Muitas abrem até mais tarde ou mesmo aos domingos, assim como os pequenos supermercados, que abrem quase todo dia. Às quintas e sábados, a maioria dos grandes hipermercados só fecha às 21h, mas aos domingos é comum que fechem às 18h. Para os turistas, é uma experiência e tanto passear aos domingos pelo centro de uma cidade como Nova York, Los Angeles ou Miami e poder entrar em um supermercado ou fazer compras de última hora.

LIÇÃO 10

Planning a trip

José Luis: Pass me the newspaper, please, Lucia.
Lucia: Which paper? The *New York Times* or the *USA Today*?
José Luis: Oh, give me the local paper.
Lucia: Here you are. By the way, I'm going on a trip with some friends tomorrow, José Luis.
José Luis: Oh, are you?
Lucia: Would you like to come?
José Luis: Yes, I'd love to. I'm not doing anything tomorrow. Is Akio coming, too?
Lucia: No, he isn't going out. He's giving a presentation at school next week.
José Luis: Ah, and Mrs. Young is helping him!
Lucia: That's right.
José Luis: That's very kind of her. Where are we meeting your friends?
Lucia: We're meeting them in town, at about nine.
José Luis: And what are we doing so early?
Lucia: We're going to the Statue of Liberty, and then to Staten Island.
José Luis: Oh, where's that?
Lucia: Staten Island? Very close to the Statue of Liberty. Look, here's a map of the five boroughs of New York City. Let me show you.
José Luis: And how do we get there?
Lucia: By ferry. We're going to have fun!

Planejando uma excursão

José Luis: Passe-me o jornal, por favor, Lucia.
Lucia: Qual? O *New York Times* ou o *USA Today*?
José Luis: Ah, me dê o jornal local.
Lucia: Aqui está. A propósito, amanhã vou fazer uma excursão com umas amigas, José Luis.
José Luis: Ah, é?
Lucia: Gostaria de vir conosco?
José Luis: Sim, eu adoraria. Amanhã não tenho muito o que fazer. Akio também vai?
Lucia: Não, ele não vai sair. Ele terá de fazer uma apresentação na escola semana que vem.
José Luis: Ah, e a sra. Young o está ajudando!
Lucia: Exato.
José Luis: É muito gentil da parte dela. Onde nos encontramos com suas amigas?
Lucia: Vamos encontrá-las no centro, por volta das nove.
José Luis: E o que vamos fazer tão cedo?
Lucia: Vamos à Estátua da Liberdade e depois à Staten Island.
José Luis: Ah, e onde fica?
Lucia: Staten Island? Muito perto da Estátua da Liberdade. Veja, aqui tem um mapa dos cinco distritos da cidade de Nova York. Deixe-me mostrá-lo.
José Luis: E como chegamos lá?
Lucia: De balsa. Vamos nos divertir!

O Present Continuous com sentido de futuro

Na última lição, aprendemos que o Present Continuous descreve situações ou ações que estão acontecendo naquele momento.

Esse tempo verbal também é usado para expressar futuro:

I'm going on a trip tomorrow.	Amanhã vou fazer uma excursão.
He's giving a presentation next week.	Ele vai fazer uma apresentação na semana que vem.
We're meeting them in town.	Nós nos encontraremos com eles no centro.
When are we meeting them?	Quando nos encontraremos com eles?

Gramática, exercícios — Lição 10

Nesses casos, trata-se de combinações prévias ou planos para o futuro já estabelecidos. Em geral, é acompanhado de um complemento de tempo (**tomorrow**, **next week** etc.) ou de uma partícula interrogativa (**when**) para deixar claro seu sentido de futuro.

Ordene as palavras e forme frases com sentido.

Exercício 1

1. next/his/afternoon/giving/presentation/he's/Monday

   ....
   ....

2. on/going/you/tomorrow/are/trip/the ?

   ....
   ....

3. week/isn't/she/them/meeting/next ?

   ....
   ....

4. having/we/tomorrow/aren't/dinner/home/at/evening

   ....
   ....

5. weekend/the/shopping/I'm/doing/not/this

   ....
   ....

6. with/playing/on/them/tennis/I'm/Friday

   ....
   ....

Lição 10   Gramática, exercícios

Os pronomes pessoais oblíquos

Os pronomes pessoais retos **I**, **you**, **he**, **she**, **it**, **we** e **they** já apareceram nas lições anteriores.

Nesta lição, trataremos dos pronomes pessoais oblíquos:

me	me, mim
you	te, ti, lhe
him	o, lhe, ele
her	a, lhe, ela
it	o, a, lhe, ele, ela
us	nos
you	lhes
them	os, as, lhes, eles, elas

*Give **me** the paper, please.* Dê-**me** o jornal, por favor.
*I'd like to show **you** this.* Gostaria de **te/lhe** mostrar isto.
*We're meeting **them** in town.* Vamos encontrá-**los** na cidade.

Exercício 2

Complete as frases.

1. He'd like the newspaper. Pass .... the paper, please.

2. I'd like the map. Pass .... the map, please.

3. We'd like some spaghetti. Give .... some spaghetti, please.

4. They'd like some milk. Pass .... the milk, please.

5. She'd like some sugar in her tea. Pass .... the sugar, please.

6. I know you like this. Let .... give .... some.

96   NINETY-SIX

Gramática, exercícios LIÇÃO 10

kind of

That's very **kind of her.**   É muito gentil da parte dela.

That's very **kind of you.**   É muito gentil da tua/sua parte.

A partícula interrogativa – which?

Which paper?   Qual jornal?
Which man?   Qual homem?
Which castle?   Qual castelo?
Which students?   Quais estudantes?

Which se refere a pessoas ou a coisas quando temos **várias possibilidades** entre as quais podemos **escolher**.

Qual palavra falta?

Exercício 3

1. Which .... does he want?
   (the Staten Island Ferry)

2. Which .... does she have?
   (the city map)

3. Which .... is he going on?
   (the trip to New York City)

4. Which .... is she reading?
   (the local paper)

5. Which .... are they going to?
   (the borough of Staten Island)

Gramática

O verbo to go

No diálogo, Lucia diz **We're going to Staten Island**. Já conhecemos o verbo **to go**, que significa "ir". Tal como em português, esse verbo é utilizado para indicar genericamente uma forma de locomoção, quando não há necessidade de especificar o meio de transporte.

We're going to India, portanto, pode significar que vamos para a Índia de avião, carro, barco ou a pé.

Would you like (to)...?

A expressão **I'd like** ("Eu gostaria"/"Eu queria") já apareceu na lição anterior, quando José Luis manifestou seu desejo de comer um prato italiano, sem que ninguém lhe perguntasse.

A pergunta à qual ele se adiantou poderia ter começado da seguinte maneira:

Would you like...?	Você gostaria de...?
Would you like some fruit?	Quer uma fruta?
Would you like to come?	Gostaria de ir?

A **resposta afirmativa** à pergunta **Would you like to...?** é a seguinte:

Yes, I'd like to.	Quero sim.
Yes, I would.	
(Yes,) I'd love to.	Adoraria.

Exercícios — Lição 10

Exercício 4

Would you like to...?
Traduza as frases.

1. Quer vir conosco?

   ....
   ....

2. Quer ir com eles até a Estátua da Liberdade?

   ....
   ....

3. Quer vir comigo ao centro?

   ....
   ....

4. Quer jogar tênis com ela?

   ....
   ....

5. Quer ir com ele?

   ....
   ....

Exercício 5

Ordene as frases do diálogo. Utilize os números de 1 a 6.

- ◯ Thank you.
- ◯ White, please.
- ◯ Yes, I'd like some grapes, please.
- ◯ Here you are.
- ◯ Would you like some fruit?
- ◯ Which grapes – black or white?

Lição 10 — Vocabulário, aspectos interculturais

Vocabulário

about	por volta de	map	mapa
borough	distrito	me	me, mim
close	perto	newspaper	jornal
do	fazer	next week	semana que vem
ferry	balsa		
fun	diversão	pass	passar
give	dar	plan	planejar
go out	sair	presentation	apresentação
help	ajudar	show	mostrar
her	a, lhe, ela	**Statue of Liberty**	Estátua da Liberdade
him	o, lhe, ele	them	os, as, lhes, eles, elas
island	ilha		
kind	gentil, simpático(a)	tomorrow	amanhã
local paper	jornal local	trip	excursão
		us	nos
love *em:*		week	semana
I'd love to	adoraria	you	te, ti, lhe, lhes

Divisão política

Os Estados Unidos são uma federação e, sendo assim, dividem-se em estados independentes. São 50 estados no total, 48 formando uma unidade territorial e dois isolados: Alasca e Havaí. Cada estado se divide em condados. Em um condado (**county**) pode haver uma ou várias cidades grandes (**cities**) e diversas cidadezinhas (**towns**). Cada cidade tem seu prefeito e sua câmara municipal. Nova York, por seu tamanho e complexidade, está dividida de maneira especial: cinco distritos (**boroughs**) que funcionam como cidades independentes, cada um com seu próprio governo local. São eles: **Manhattan**, **Queens**, **The Bronx**, **Brooklyn** e **Staten Island**. Cada um tem sua própria personalidade e uma variedade de locais interessantes para visitar.

LIÇÃO

11

A day out

José Luis: So where are your friends?
Lucia: I can't see them. Oh, look! There they are – they're getting out of that taxi.

Claudine: Sorry we're late.
Lucia: Never mind. You don't usually arrive late.
Marielle: No, we usually arrive early. But we're glad you're still waiting for us.
Lucia: José Luis, these are Claudine and Marielle. They come from France and they are staying at a college dormitory.
Claudine: Hello.
Marielle: Hi.
José Luis: Hello! I'm José Luis from Mexico.
Lucia: Come on. Let's get on the bus. It's just leaving.

▶

Lição 11 — Diálogo

> *On the bus.*
> **José Luis:** Do you like the dorm, Marielle?
> **Marielle:** Yes, I do. The people are very friendly.
> **Claudine:** That's true, but I hate the food.
> **José Luis:** We always have wonderful meals in our house!
> **Lucia:** Oh, yes, the Youngs look after us. And I'm looking after you today.
> **Claudine:** Oh, great! You have some potato chips – and some chocolate!
> **Marielle:** Claudine doesn't like dorm food, but she loves junk food.

Um dia fora

José Luis: E onde estão suas amigas?
Lucia: Não as vejo. Ah, olhe! Estão ali – estão saindo daquele táxi.
Claudine: Desculpem o atraso.
Lucia: Não faz mal. Vocês não costumam chegar tarde.
Marielle: Não, normalmente chegamos cedo. Mas estamos felizes por vocês ainda estarem nos esperando.
Lucia: José Luis, estas são Claudine e Marielle. Elas são da França e estão hospedadas no dormitório da universidade.
Claudine: Olá.
Marielle: Oi.
José Luis: Olá! Sou o José Luis, do México.
Lucia: Vamos. Vamos entrar no ônibus. Está prestes a partir.
No ônibus.
José Luis: Você gosta do dormitório, Marielle?
Marielle: Sim, as pessoas são muito simpáticas.
Claudine: É verdade, mas eu detesto a comida.
José Luis: Nós sempre fazemos refeições maravilhosas em nossa casa!
Lucia: Ah, sim, os Young cuidam de nós. E eu vou cuidar de vocês hoje.
Claudine: Ah, ótimo! Você tem aí batata *chips* e chocolate!
Marielle: A Claudine não gosta da comida do dormitório, mas adora comer *junk food*.

Exercícios, gramática   Lição 11

Qual palavra não pertence ao grupo?

Exercício 1

1. I – we – he – us

2. who – whose – white – where

3. Monday – today – Wednesday – Tuesday

4. at – from – lot – on

5. bus – train – plane – trip

6. food – college dormitory – house – school

7. usually – hungry – often – always

8. glad – happy – sorry – late

O Simple Present e o Present Continuous

Na Lição 6, vimos que o Simple Present é usado para descrever **ações que se repetem**.

Esse tempo verbal também é usado para se referir a fatos de caráter geral, informativo:

They come from France.   Eles(as) são da França.
She looks after us.   Ela cuida de nós.
We usually arrive early.   Normalmente chegamos cedo.

Verbos que expressam **percepção** e aqueles com **conteúdo emocional** são utilizados, em geral, no presente do indicativo:

I hate fruit.   Detesto frutas.
She loves junk food.   Ela adora *junk food*.
I know them.   Eu as conheço.

Eis uma lista com os verbos mais utilizados no Simple Present:

like	gostar de	**understand**	entender
love	amar	**think**	pensar
hate	detestar	**believe**	acreditar
want	querer	**mean**	significar, querer dizer
wish	desejar		
prefer	preferir	**cost**	custar
know	saber, conhecer	**need**	precisar

Lição 11 — Gramática, exercícios

O Present Continuous descreve, como já vimos na Lição 9, ações que **estão acontecendo no momento** em que falamos ou que são **de natureza transitória**.

Antes de analisar detalhadamente as diferenças entre o Simple Present e o Present Continuous, vejamos de novo as duas regras:

- **Simple Present: ações que se repetem, fatos de caráter geral e informativo**
- **Present Continuous: ações que estão acontecendo no momento em que falamos, ações transitórias**

Vejamos algumas frases do diálogo:

They come from France and they are staying at a college dormitory.

they **come** from France:	informação geral → Simple Present
they**'re staying** at a college dormitory:	ação transitória → Present Continuous

The Youngs look after us. And I'm looking after you today.

the Youngs **look after** us:	informação geral → Simple Present
I**'m looking after** you today:	ação momentânea ou transitória → Present Continuous

---

Exercício 2

Complete as frases e compare as ações momentâneas e habituais.

1. Today they're coming home early. They
.... (usually, get back) very late.

2. She normally stays in a hotel, but this time she
.... (stay) in a college dormitory.

Exercícios   Lição 11

3. On Mondays we often have hamburgers and fries, but tonight we .... (cook) lasagne.

4. I'm leaving at nine this morning. I .... (normally, get) the early train.

Formule uma pergunta.

Exercício 3

1. She's leaving. – When .... ?

2. She hates her room. – Why .... ?

3. They're going on a trip. – Where .... ?

4. They want to meet their friends. – Where .... ?

5. We're cooking the meal. – What .... ?

6. I think she's great. – Who .... ?

7. I'm working late. – Why .... ?

Leia novamente o diálogo da Lição 11 e corrija as afirmações a seguir.
Exemplo:
They're getting out of a bus.
Resposta:
No, they aren't. They're getting out of a taxi.

Exercício 4

1. Claudine and Marielle come from Japan.
....

2. They're staying at a hotel.
....

3. They're early.
....

4. They usually arrive late.
....

5. Claudine likes the dormitory food.
....

6. Lucia is giving her friends pancakes.
....

Vocabulário

arrive	chegar	hate	detestar, odiar
chocolate	chocolate		
college dormitory	dormitório universitário, moradia estudantil	junk food	*junk food* (alimentos calóricos sem valor nutritivo)
day *em:*		just	prestes a, neste momento
a day out	um dia fora (passeio)	look after	cuidar de, tomar conta
friendly	simpático(a), amável	never mind	não faz mal
		potato chips	batata *chips*
get out of	sair de	stay	hospedar-se
get on	entrar em (veículo)	still	ainda
		taxi	táxi
glad	feliz, contente	wait for	esperar por
great	ótimo	wonderful	maravilhoso(a)

Transporte

Nos Estados Unidos, andar de táxi é um pouco caro, principalmente nas grandes cidades. Felizmente, isso raramente é necessário, pois a maioria das grandes cidades conta com sistemas de transporte público muito eficientes e econômicos. Cidades como Los Angeles e Nova York têm algumas das malhas metroviárias mais antigas, extensas e complexas do mundo.

Ter um carro nos Estados Unidos é relativamente fácil. Carros usados são encontrados por valores irrisórios (US$ 500 ou US$1.000), e muitos estados concedem licença para dirigir a estrangeiros , mesmo que não sejam residentes permanentes. Entretanto, eles também têm de prestar um exame teórico e outro prático, e têm de pagar o registro e um seguro obrigatório permanente para caso de acidentes. Em alguns locais, como os subúrbios e as áreas mais distantes das cidades, não há meio de transporte mais cômodo do que o próprio carro.

Meeting Lady Liberty

Marielle: Wow! Manhattan looks beautiful from here.
José Luis: Isn't it lovely?
Lucia: The view is better from the crown of the statue.

Marielle: How do we get to the top? What does it say in the guidebook?
Lucia: Let me see… it says there is "a narrow spiral staircase of 354 small triangular steps…" but there's an elevator too…
Claudine: What a long line!
José Luis: You can go to the museum if you don't want to go up. There are many pictures and models showing how the statue was made, the design problems, financial difficulties, etc.
Claudine: Ugh! That sounds boring to me.
Lucia: Here's some interesting information for you French girls: this famous statue is a gift from the French people to the American people on the 100th anniversary of their independence.

Lição 12　　　　　　　　　　　　　　　　　　　　　　　　　　　　　　Diálogo

Claudine: How nice! Let's climb up on our present, then...
Marielle: This is fascinating, but all this sightseeing is making me tired.
Claudine: And it's making me hungry!
José Luis: And my feet are hurting!
Lucia: OK, let's go back then. I know a little café in lower Manhattan where we can have coffee and cake, sandwiches, or maybe ice cream.
Claudine: Ice cream – that sounds fantastic!
José Luis: Claudine, I think you have a sweet tooth!

Visita à Lady Liberty

Marielle: Uau! Manhattan parece linda daqui.
José Luis: Não é bonita?
Lucia: A vista é melhor a partir da coroa da estátua.
Marielle: Como chegamos lá em cima? O que diz o guia turístico?
Lucia: Deixe-me ver... diz que há "uma escadaria estreita em espiral de 354 pequenos degraus triangulares...". Mas também há um elevador.
Claudine: Que fila comprida!
José Luis: Você pode ir ao museu se não quiser subir. Há muitas fotos e maquetes que mostram como a estátua foi feita, os problemas de projeto, as dificuldades econômicas etc.
Claudine: Ai, isso me parece chato.
Lucia: Eis uma informação interessante para vocês, garotas francesas: esta famosa estátua é um presente do povo francês para o povo norte-americano no 100º aniversário de sua independência.
Claudine: Que legal! Vamos subir no nosso presente, então.
Marielle: Isso é fascinante, mas todas essas visitas estão me deixando cansada.
Claudine: E me deixando com fome!
José Luis: E meus pés estão doendo!

Diálogo, gramática, exercícios — Lição 12

Lucia:	Certo, vamos voltar então. Conheço uma pequena lanchonete em Lower Manhattan onde podemos tomar café com bolo ou um sanduíche, quem sabe um sorvete.
Claudine:	Sorvete – isso parece fantástico!
José Luis:	Claudine, acho que você é uma formiguinha.

there is, there are

Estas duas expressões podem ser traduzidas para o português como "há...". **There is** costuma ser abreviada como **there's**. Há uma distinção entre a forma singular, **there is**, e a forma plural, **there are**:

There's an elevator too.	Também há um elevador.
There are many pictures and models.	Há muitas fotos e maquetes.

Exercício 1

Complete com **they're** (eles ou elas são) ou **there are** (há).

1. Look – .... women, not men.
2. .... some grapes on the table. .... very sweet.
3. .... 354 steps in that staircase. .... small and triangular.
4. .... too many people in that line! .... very tired.
5. .... lots of interesting pictures in that museum.
6. I think .... boring!

Lição 12 — Gramática

Exclamações

Em inglês existem várias possibilidades para expressar espanto, admiração ou desagrado:

Eis algumas:

Wow! It looks beautiful!	Uau! Parece linda.
Isn't it lovely?	Não é bonita?
What a long line!	Que fila comprida!
How nice!	Que legal!
That sounds fantastic!	Parece fantástico!

Verbo + adjetivo

No diálogo aparecem alguns verbos seguidos de adjetivo:

Manhattan **looks beautiful**.	Manhattan parece linda.
It **doesn't sound** fun.	Não parece divertido.
That **sounds boring** to me.	Isso me parece chato.
That **sounds** fantastic!	Parece fantástico!

Os verbos que podem ser substituídos pelo verbo **to be** são seguidos de adjetivo e não de advérbio (voltaremos a esse tema mais tarde):

She **looks nice**.	Parece simpática (pelo aspecto).
She **sounds nice**.	Parece simpática (pelo som da voz).
She **is nice**.	Ela é simpática.

Let's

Let's é a forma abreviada de **let us** e significa "vamos". É utilizado para expressar propostas que afetam a todos os presentes em uma conversa:

Let's take pictures.	Vamos tirar fotos.
Let's go.	Vamos.

Gramática Lição 12

Plurais irregulares II

■ Nem sempre é possível formar o plural acrescentando um **-s** à forma singular, como já vimos no caso de **men** (plural de **man**) e **women** (plural de **woman**):

O **-y depois de consoante** (**d**, **g**, **f**, **p** etc.) transforma-se em **-ies**:

galler*y*	galler**ies**	galeria, galerias
pastr*y*	pastr**ies**	*petit-four, petits-fours*
lad*y*	lad**ies**	senhora, senhoras

Os substantivos que terminam em **-s**, **-ss**, **-sh**, **-ch** ou **-x** formam o plural com o acréscimo de **-es**:

bu*s*	bus**es**	ônibus
sandwi*ch*	sandwich**es**	sanduíche, sanduíches
fa*x*	fax**es**	fax, faxes

E, por fim, algumas formas **irregulares** muito freqüentes:

child	**children**	criança, crianças
tooth	**teeth**	dente, dentes
foot	**feet**	pé, pés
mouse	**mice**	camundongo, camundongos

Substantivos sem plural

Alguns substantivos não têm plural:

furniture	móveis, mobília
information	informação, informações
advice	conselho, conselhos
news	notícia, notícias
I'd like **some information**.	Eu queria uma informação/informações.

▶

Lição 12 — Gramática, exercícios

Como esses substantivos não são contáveis, não se pode usar o artigo indefinido **a/an**, sendo necessário usar expressões como as seguintes:

Let me give you **some advice/a piece of advice**.	Deixe-me dar-lhe um conselho.
There was an interesting **news item/piece of news** in the paper.	Havia uma notícia interessante no jornal.
I'd like **some** antique **furniture**.	Eu queria móveis antigos.

Exercício 2

Complete as lacunas com a forma adequada: **-'s** ou **are**.

1. There .... 354 steps in this staircase.
2. Look, there .... an elevator too!
3. There .... a lot of information in the guidebook.
4. It says here that there .... many pictures in the museum.
5. There .... a ferry every 20 minutes.
6. Wow! There .... lots of people in line!
7. Well, there .... a café near here.
8. That's great! There .... pastries and cookies for everybody.

Exercícios — Lição 12

Risque o *a* ou *an* quando seu uso estiver incorreto.

Exercício 3

1. What an interesting information!
2. What a lovely statue!
3. What an great advice!
4. What a fascinating tour!
5. What a nice view!
6. What a boring place!

Qual adjetivo é o correto?

Exercício 4

1. This information is very *kind/useful/nice*.
2. It's a *single/big/heavy* city.
3. Thank you. That's *good/true/lucky* advice.
4. The guided tour is *tired/boring/busy*.
5. What a *famous/lovely/hungry* picture.
6. Here's some *careful/interesting/antique* news.

Preencha as lacunas com *look* ou *sound*.

Exercício 5

1. The news is good. It .... very interesting.
2. Those clothes are beautiful. They .... fantastic.
3. His advice isn't good. It doesn't .... very useful.

Lição 12 — Vocabulário

4. Those people .... boring and they .... boring, too.

5. The information about the statue .... fascinating.

---

advice	conselho(s)	**many**	muitos(as)
anniversary	aniversário *(mas não de nascimento)*	**model**	maquete
		mouse (*pl.* **mice**)	camundongo
beautiful	lindo(a)		
café	lanchonete, cafeteria	**museum**	museu
		narrow	estreito(a)
cake	bolo	**news**	notícia(s)
careful	cuidadoso(a)	**pastry**	*petit-four*
climb (up)	subir	**people**	povo
cookie	biscoito	**picture**	foto, retrato
crown	coroa	**place**	lugar, local
design	projeto	**present**	presente
difficulty	dificuldade	**problem**	problema
elevator	elevador	**small**	pequeno(a)
everybody	todo mundo, todos	**spiral staircase**	em espiral escadaria
famous	famoso(a)	**statue**	estátua
financial	econômico(a), financeiro(a)	**step**	degrau
		sweet tooth	"formiguinha", alguém que tem queda por doces
French	francês(esa)		
from	a partir de		
gift	presente		
go up	subir	**take pictures**	tirar/bater fotografias
ice cream	sorvete		
independence	independência	**top**	lá em cima, topo
line	fila	**tour**	visita (turística)
little	pequeno(a)	**triangular**	triangular
long	comprido, longo	**useful**	útil
lower	*aqui:* (bairro) baixo	**view**	vista

Aspectos interculturais   Lição 12

Monumentos importantes dos Estados Unidos

A **Estátua da Liberdade** é, sem dúvida alguma, um dos monumentos mais importantes dos Estados Unidos. Simboliza não só a liberdade como também a hospitalidade desse país, que durante séculos recebeu imigrantes de todas as partes do mundo, que chegavam em busca de uma vida melhor. Ellis Island, situada a pouca distância da Estátua da Liberdade, foi o porto de entrada de milhares de imigrantes europeus durante o século XIX.

Há muitos outros lugares nesse enorme país que enchem os norte-americanos de orgulho, não só por sua aparência impactante, mas porque representam valores importantes para o povo dos Estados Unidos, como a liberdade, a igualdade, a união, o valor, o vigor, a fortaleza, a liderança etc., ou porque relembram fatos históricos importantes. Estes são outros monumentos de destaque que os turistas não podem deixar de visitar:

Monte Rushmore, em Keystone (Dakota do Sul)
Ponte Golden Gate, em San Francisco (Califórnia)
Forte do Álamo, em San Antonio (Texas)
Castelo de San Marcos, em St. Augustine (Flórida)
Casa Branca, em Washington, DC
Monumento a Lincoln, em Washington, DC
Empire State Building, em Nova York

Teste 2

1 Escolha uma das soluções e pule para a casa correspondente.

2 He ... forget things.

doesn't ⇨ 8
don't ⇨ 15

6 Falso!

Volte ao número 8.

7 Falso!

Volte ao número 4.

11 Falso!

Volte ao número 29.

12 Muito bem, continue:
What ... information!

interesting ⇨ 16
an interesting ⇨ 24

16 Bem, continue:
That's ... advice.

good ⇨ 22
a good ⇨ 18

17 Falso!

Volte ao número 22.

21 Falso!

Volte ao número 13.

22 Correto!
She'd like ... sugar, please.

a ⇨ 17
some ⇨ 19

26 Falso!

Volte ao número 30.

27 Bem, continue:
The news ... fascinating.

are ⇨ 23
is ⇨ 12

Teste 2

3 Falso!

Volte ao número 5.

4 Bem, continue:
He ... from Paris.

comes ⇨ 20
is coming ⇨ 7

5 Correto, continue:
I ... them next week.

meet ⇨ 3
'm meeting ⇨ 13

8 Correto, continue:
I ... know.

doesn't ⇨ 6
don't ⇨ 25

9 Falso!

Volte ao número 25.

10 Falso!

Volte ao número 14.

13 Correto, continue:
... on Saturdays?

Are we playing ⇨ 21
Do we play ⇨ 29

14 Muito bem, continue:

Why ... she like it?
don't ⇨ 10
doesn't ⇨ 30

15 Falso!

Volte ao número 2.

18 Falso!

Volte ao número 16.

19 Correto!

Fim do exercício.

20 Estupendo! Continue:
She ... now.

's getting up ⇨ 5
gets ⇨ 28

23 Falso!

Volte ao número 27.

24 Falso!

Volte ao número 12.

25 Muito bem, continue:

What ... they want?
do ⇨ 14
does ⇨ 9

28 Falso!

Volte ao número 20.

29 Estupendo! Continue:
We ... supper there tomorrow.
don't have ⇨ 11
aren't having ⇨ 27

30 Correto, continue:
... town does he come from?
Whose ⇨ 26
Which ⇨ 4

LIÇÃO 13

At the café

Claudine: Have you ordered yet?
Lucia: Yes, I've just ordered coffee for all.
José Luis: And she's asked for lots of cream for you.
Claudine: Has she asked for lots of sugar, too?
Marielle: Yes, and some pastries. Now sit down.
Claudine: Oh, they have sundaes here! José Luis, have you ever had a hot fudge sundae?
José Luis: No, I haven't.
Marielle: Mm, it tastes delicious! I want one. I haven't had any ice cream in a while. Let's order some!
Claudine: Yes! I want mine with lots of whipped cream.
Lucia: It's nice and quiet in here.
José Luis: Yes. There aren't that many tourists in this area... Oh dear, I've had too many pastries.
Lucia: Phew, I had too much coffee.
Claudine: And I've had too much ice cream.
Marielle: I think we've all had too much to eat.
Lucia: And there are still a lot of things to do here in downtown.

Diálogo, gramática　　　　　　　　　　　　　　　　　　　　Lição 13

Na lanchonete

Claudine: Vocês já pediram?
Lucia: Sim, acabei de pedir café para todos.
José Luis: E para você ela pediu bastante creme.
Claudine: Pediu também bastante açúcar?
Marielle: Sim, e alguns *petits-fours*. Agora, sente-se.
Claudine: Oh, eles têm *sundaes* aqui! José Luis, já tomou o *sundae* com calda quente?
José Luis: Não.
Marielle: Hmm, o sabor é delicioso! Quero um. Faz tempo que não tomo sorvete. Vamos pedir!
Claudine: Sim! Quero o meu com muito *chantilly*.
Lucia: É bem agradável e tranqüilo aqui.
José Luis: Sim, e não há muitos turistas nesta região... Ai, meu Deus, comi *petits-fours* demais!
Lucia: Ufa! E eu tomei café demais.
Claudine: E eu tomei sorvete demais.
Marielle: Acho que todos comemos demais.
Lucia: E ainda há muitas coisas para fazer aqui no centro.

O Present Perfect

O Present Perfect é formado pelo **verbo auxiliar *have/has***, ou suas formas abreviadas **-'ve** e **-'s**, e o **particípio passado** do verbo a ser conjugado. A forma **regular** do particípio passado termina em **-ed**:

ask – ask**ed**　　　perguntar
order – order**ed**　pedir
play – play**ed**　　jogar, brincar, tocar um instrumento
use – us**ed**　　　 usar

E agora um exemplo com todas as pessoas:
I've played　　　joguei, tenho jogado, etc.
you've played
he's/she's/it's played
we've played
you've played
they've played

▶

ONE HUNDRED AND NINETEEN　**119**

Mas, cuidado, porque há muitos particípios **irregulares** que devem ser considerados:

be – been	ser, estar
have – had	ter
eat – eaten	comer

I've eaten   comi, tenho comido, etc.
you've eaten
he's/she's/it's eaten
we've eaten
you've eaten
they've eaten

Nas páginas 265–266, no apêndice deste livro, há uma lista com os principais verbos irregulares.

O Present Perfect – a negativa

I **haven't eaten**   não comi, não tenho comido, etc.
you **haven't eaten**
he/she/it **hasn't eaten**
we **haven't eaten**
you **haven't eaten**
they **haven't eaten**

O Present Perfect – a interrogativa

Have *I* **eaten?**   comi?, tenho comido?, etc.
Have *you* **eaten?**
Has *he/she/it* **eaten?**
Have *we* **eaten?**
Have *you* **eaten?**
Have *they* **eaten?**

Exercícios, gramática — Lição 13

Complete as frases com o Present Perfect.

Exercício 1

1. She hasn't ordered lunch, she .... (order) four cups of coffee.

2. She's asked for lots of cream, but she .... (not, ask) for more sugar.

3. We haven't ordered coffee, we .... (ask) for tea.

4. They've ordered pastries, but they .... (not, ask) for sandwiches.

5. .... (you, ask) for lots of whipped cream?

6. .... (he, order) any more coffee?

O uso do Present Perfect

■ O Present Perfect designa ações e situações que aconteceram em um **passado** imediato ou que têm **repercussão no presente**. Exemplos:

■ Acontecimentos que **acabaram de terminar** e que **têm repercussão no presente**:
I've ordered some tea.   Pedi um pouco de chá.
We've eaten too much.   Comemos demais.
O chá que pedimos ainda vamos tomar. Na última frase, os efeitos da ação que terminou (comer) podem ser sentidos com clareza (sensação de saciedade).

■ Situações nas quais, em português, usaríamos expressões como **"até agora"** ou **"alguma vez"**:
Have you been to Chicago?   Já esteve (alguma vez) em Chicago?

▶

I've never had a hot fudge sundae.	Nunca tomei (até agora) um *sundae* com calda quente.

■ É comum que o Present Perfect seja acompanhado por **advérbios de tempo**:

so far	até agora
up to now	até agora
yet	até agora, já, ainda (*em frases interrogativas e negativas*)
already	já
ever	alguma vez
never	nunca
before	antes
never before	nunca até agora, ainda não
just	agora mesmo

■ Para memorizar os advérbios de tempo, pense na palavra **jeanby**:

just, **e**ver, **a**lready, **n**ever, **b**efore, **y**et

Yet (até agora, ainda) tem o mesmo significado de **so far** e **up to now**. As duas últimas consonantes de **jeanby**, "**b**" e "**y**", representam curiosamente os advérbios que sempre aparecem no final de uma frase:

Have you been to Ellis Island **before?**	Você já esteve em Ellis Island?
I haven't finished my tea **yet.**	Ainda não terminei meu chá.

Os demais advérbios de tempo, ao contrário, aparecem entre o verbo auxiliar e o particípio:

Have you **ever** had a hot fudge sundae?	Você já tomou alguma vez um *sundae* com calda quente?
I've **never** been to the Statue of Liberty.	Nunca (até agora) visitei a Estátua da Liberdade.

Exercícios, gramática — Lição 13

Have/Has... ever...?

Quais perguntas você formularia para estas respostas?

Exercício 2

1. ....
   – No, I've never played golf.

2. ....
   – Yes, they have often looked after our children.

3. ....
   – Yes, he has. He often cooks spaghetti.

4. ....
   – No, she has never eaten Japanese food.

5. ....
   – Yes, often. We use computers at work.

6. ....
   – Yes, I've been to Washington, DC twice.

Verbo + adjetivo

Preste atenção novamente à construção verbo + adjetivo, que já comentamos na lição passada:
It tastes delicious. Tem um sabor delicioso.

Ordene as palavras e forme frases com sentido.

Exercício 3

1. yet/you/coffee/your/had/have ?

   ....

2. eaten/yes/just/I've/cookies/of/lots/thanks

   ....

3. never/been/we/have/full/so

   ....

4. the/has/all/Claudine/already/used/milk

....

5. has/looked/ever/happy/before/José Luis/so ?

....

a lot of – lots of – much – many

Estas expressões significam "grande quantidade", "muito", "muitos(as)":

Lots of e **a lot of** são usadas em **frases afirmativas**:
I've ordered **lots of** cream.   Pedi muito creme.
There are **a lot of** things to do.   Há muitas coisas para fazer.

Much é usado no **singular** em **frases negativas** e **interrogativas**, e também depois de *so*, *as*, *too*, *very* e *how*:
There **isn't much** milk.   Não há muito leite.
Is there **much** to see?   Há muito para ver?
I've had **too much** tea.   Tomei chá demais.

Many é usado no **plural** em **frases negativas** e **interrogativas**, e também depois de *so*, *as*, *too*, *very* e *how*:
There **aren't many** tourists.   Não há muitos turistas.
Have you seen **many** museum**s**?   Você visitou muitos museus?
I've had **so many** pastries.   Comi *petits-fours* demais.

Em vez de **much** e **many** usa-se freqüentemente **a lot of** e **lots of**, exceto depois de *so*, *as*, *too*, *very* e *how*.

Exercícios, gramática Lição 13

Much ou many?

Exercício 4

1. I've eaten too .... pastries.
2. There isn't .... milk.
3. We've ordered too .... coffee.
4. There aren't so .... tourists in town.
5. Have you seen .... interesting things?
6. Well, I haven't really had so .... to eat!

Substitua *a lot of/lots of* por *much* ou *many*.

Exercício 5

1. She hasn't got a lot of time. ....
2. Have they eaten lots of sandwiches? ....
3. There aren't a lot of people in the café. ....
4. We haven't been to a lot of museums. ....
5. Do you have lots of change? ....

Is there any more...?/There isn't any more...

Any more em **frases interrogativas** expressa "ainda mais", "ainda algum":
Is there any more tea? Ainda há chá?

Na **negativa**, significa "já não há nenhum":
There isn't any more milk. Não há (nenhum) leite.

Lição 13 — Vocabulário, aspectos interculturais

Vocabulário

a lot of	muito(s), muita(s)	**much**	muito(a)
any more…?	(ainda) mais algum/alguns?	**much** *em* **not much**	não muito(a)
		too much	demais
ask for	*aqui:* pedir	**never**	nunca
delicious	delicioso(a)	**order**	pedir
ever	alguma vez	**quiet**	tranqüilo(a)
fudge	calda	**sundae**	*sundae*
hot	quente	**taste**	ter gosto de
lots of	muito(s), muita(s)	**tourist**	turista
		the first time	a primeira vez
many	muitos(as)	**yet** *(interr.)*	já
many *em*		**whipped cream**	*chantilly*, creme batido
so many	tantos(as)		
too many	demais, demasiados(as)		

Sair para comer

Os norte-americanos, em geral, adoram comer fora, e é um hábito trocar opiniões sobre as novas lanchonetes e restaurantes favoritos. Naturalmente, comer fora é um dos grandes prazeres de Nova York, pois nenhuma outra cidade oferece uma variedade tão grande de cozinhas e expêriencias culinárias. É bom que os visitantes saibam que, apesar de muitos restaurantes darem a Nova York a reputação merecida de cidade cara, também é possível comer muito bem sem ter de esvaziar a conta bancária.

Shopping for souvenirs

LIÇÃO 14

Claudine: Lucia, how long have you known José Luis?
Lucia: Not for very long. In fact, only since last Sunday.
Claudine: Oh, really? You've only known him for a week? He seems very nice.
Lucia: Yes, I like him. We've had a lot of fun together.
José Luis: How long have you been in New York, Marielle?
Marielle: I've been here since March.
José Luis: I've only been here for a week, but so much has happened.
Marielle: Have you been to the US before?
José Luis: No, I haven't. But I'm really enjoying it.
Marielle: What have you bought?
José Luis: Oh, it's a little present for Lucia to say thank you.
Marielle: Oh, no! Claudine has knocked something over.
Claudine: What have I done? Oh, my goodness!
Lucia: Never mind. It's only a cheap glass ashtray.
Claudine: I'm really sorry. How much is it?
Vendor: Don't worry about it. We haven't sold any of them for years, anyway. People don't smoke any more.

Comprando lembrancinhas

Claudine: Lucia, há quanto tempo você conhece José Luis?
Lucia: Não há muito tempo. De fato, só desde domingo passado.
Claudine: Sério? Você só o conhece há uma semana? Ele parece muito simpático.
Lucia: Sim, gosto dele. Temos nos divertido bastante juntos.
José Luis: Há quanto tempo você está em Nova York, Marielle?
Marielle: Estou aqui desde março.
José Luis: Eu só estou aqui há uma semana, mas já aconteceram tantas coisas.
Marielle: Você já esteve nos Estados Unidos antes?
José Luis: Não, mas estou gostando muito.
Marielle: O que você comprou?
José Luis: Ah, um presentinho de agradecimento para a Lucia.
Marielle: Ai, não! A Claudine derrubou alguma coisa.
Claudine: Mas o que foi que eu fiz? Ah, meu Deus!
Lucia: Não faz mal. É só um cinzeiro de vidro barato.
Claudine: Sinto muito, de verdade. Quanto custa?
Vendedor: Não se preocupe. Há anos não vendemos nenhum desses, de qualquer maneira. As pessoas já não fumam mais.

Os advérbios de tempo – for, since

O Present Perfect geralmente é usado com os advérbios de tempo **for** e **since**. Neste contexto, podemos traduzir **for** por "há" e **since** por "desde".

For é usado para indicar um **espaço de tempo** e quase sempre aparece ligado às seguintes construções:

a/an + complemento de tempo:
I've known him **for a week**.   Eu o conheço há uma semana.

Complemento de tempo no plural (-s):
We haven't sold any **for years**.   Há anos não vendemos nenhum.

Gramática, exercícios — Lição 14

Since é usado para indicar uma **data concreta**, um **momento determinado**.

*I've known him **since Sunday**.*   Conheço-o desde domingo.
*We've been here **since March**.*   Estamos aqui desde março.
*He's lived here **since 1996**.*   Ele vive aqui desde 1996.

For ou since? *Exercício 1*

1. She's known them .... a long time.
2. They've been in the US .... January.
3. He's had the dog .... six months.
4. They haven't sold any of them .... last year.
5. It hasn't happened .... weeks.

Escreva em inglês. *Exercício 2*

1. Estou aqui desde as 5h.

   ....

2. Eles nos conhecem há meses.

   ....

3. Temos a casa desde 1990.

   ....

4. Você o conhece há muito tempo?

   ....

5. Eles moram em Nova York há 20 anos.

   ....

6. Ele está na loja há dez minutos.

   ....

Lição 14 — Gramática

Os meses do ano
Os meses do ano são realmente fáceis de aprender.
E tudo graças ao latim.

January	janeiro	July	julho
February	fevereiro	August	agosto
March	março	September	setembro
April	abril	October	outubro
May	maio	November	novembro
June	junho	December	dezembro

■ Em inglês, os meses do ano sempre são escritos com inicial maiúscula e, assim como em português, não levam artigo.
February is a cold month.   Fevereiro é um mês frio.
He's coming **in September.**   Ele virá em setembro.

Os números ordinais 11th – 1,000,000th
E para que, entre outras coisas, você possa se entender com as datas, aqui estão os números ordinais restantes:

11th	eleventh	22nd	twenty-second
12th	twelfth	23rd	twenty-third
13th	thirteenth	24th	twenty-fourth
14th	fourteenth		etc.
15th	fifteenth	30th	thirtieth
16th	sixteenth	40th	fortieth
17th	seventeenth	50th	fiftieth
18th	eighteenth	60th	sixtieth
19th	nineteenth	70th	seventieth
20th	twentieth	80th	eightieth
21st	twenty-first	90th	ninetieth
		100th	hundredth

Gramática — Lição 14

101st	hundred and first
102nd	hundred and second
136th	hundred and thirty-sixth
200th	two hundredth
1000th	thousandth
1,000,000th	millionth

A data

Em inglês há várias maneiras de escrever as datas. Estas são algumas das mais comuns:

8th April, 2005	April 8, 2005
8 April 2005	8.4.05
4/8/05	

As terminações **-th**, **-st**, **-nd** podem ser acrescentadas ou não aos algarismos que indicam os dias.
São as terminações dos ordinais (veja a Lição 5).

A maneira de dizer as datas também é bem fácil:

March 1st	se lê	**March first**
	ou também	**the first of March**
April 16th	se lê	**April sixteenth**
	ou também	**the sixteenth of April**

Ao informar o ano, a palavra **hundred** costuma ser suprimida (normalmente: 1900 **nineteen-hundred**):

1996	se lê	**nineteen-ninety-six**

Para os anos do terceiro milênio há várias possibilidades:

2001	se lê	**two-thousand and one**
2015	se lê	**twenty-fifteen**

Lição 14 — Gramática, exercícios

> Para evitar mal-entendidos, do **2001** ao **2009** costuma-se dizer **two-thousand...** (já que, se disséssemos **twenty-one** para **2001** ou **twenty-four** para **2004** etc., poderia haver confusão com os cardinais "21", "24" etc.).

Exercício 3

Preencha as lacunas com as palavras: *worry, right, no, goodness, beautiful, seems, all.*

A: Oh, my .... !

B: Manhattan looks .... from here.

A: That car has knocked over a little boy.

B: Oh, ... ! Is he all .... ?

A: Yes, he .... okay.

B: Are you .... right?

A: Yes, thanks. Don't .... about me.

Exercício 4

Como se diz em inglês? *Never mind/Oh, really/Oh dear/Of course/I'm really sorry.*

1. I've sold thousands of these cheap souvenirs.

   – .... ? (*Sério?*)

2. He hasn't bought you a present.

   – .... (*Não faz mal.*)

3. We haven't enjoyed this trip anyway.

   – .... (*Sinto muito, de verdade.*)

4. Can I taste this?

   – .... (*Claro.*)

5. I'm sorry, but I've never done this before.

   – .... (*Ai, meu Deus!*)

Gramática, exercícios, vocabulário   Lição 14

any more em frases interrogativas e negativas

Any more é usado em frases interrogativas negativas, e nesses casos significa "não mais", assim como nas frases negativas.

Don't you play basketball **any more?**	Você não joga mais basquete?
People **don't** smoke **any more.**	As pessoas não fumam mais.

Exercício 5

Pesquise o antônimo.

1. black
2. boring
3. hot
4. little
5. late

a big
b cold
c white
d early
e fun

1. ..... 2. ..... 3. ..... 4. ..... 5. .....

Vocabulário

anyway	de qualquer maneira	My goodness!	Ai, meu Deus!
ashtray	cinzeiro	present	presente
car	carro	seem	parecer
cheap	barato(a)	sell	vender
glass	vidro	since	desde
happen	acontecer	smoke	fumar
have fun	divertir-se	something	algo, alguma coisa
in fact	de fato, na realidade		
knock over	derrubar	souvenir	lembrança, suvenir
last	último(a)	together	juntos(as)
little	pequeno(a)	worry	preocupar-se
much *em:* so much	tanto		

ONE HUNDRED AND THIRTY-THREE   **133**

Não-fumantes

A afirmação do vendedor – **People don't smoke anymore** – é válida em alguns lugares dos Estados Unidos. Entretanto, em geral, o consumo de tabaco continua alto no país, principalmente entre os jovens. O número de mortes e casos de enfermidades crônicas causadas pelo cigarro tem crescido tanto nas últimas décadas que o governo e diversas organizações têm feito uma forte campanha para combater esse hábito. Há alguns anos foram criadas áreas para não-fumantes – **non-smoking sections** – em restaurantes e outros lugares públicos, mas atualmente as normas são muito mais rígidas. Muitos estados e cidades aprovaram leis que proíbem completamente o fumo em lugares públicos. Leis federais vetam o fumo em aviões e nas escolas.

Também é proibido fumar na maioria dos edifícios públicos e em muitas empresas privadas. E muitos cidadãos não permitem que seus amigos fumem em seus carros nem em suas casas!

Formas de tratamento

Nos Estados Unidos, é muito comum ser tratado(a) por **dear** ou **darling**, especialmente por parte de pessoas mais velhas. Equivale a "Não se preocupe, moça", "Não se preocupe, senhora" etc. Se alguém usar uma dessas expressões para se referir a você, não pense que é uma paquera ou flerte. É só um gesto simpático de cortesia.

A postcard to the family

LIÇÃO 15

Dear Mom and Dad,

I'm writing to you in English because I've learned so much already. It really isn't so difficult! The Youngs are very friendly, and I've met so many nice people. Two other students live in the house - a very nice girl from Italy and a boy from Japan. We've done some interesting things and the weather has been all right. I need some more books for my course. Could I have some money? I hope you're all well.

Love,
José Luis

PS 60 dollars should be enough

Dear Mommy, Daddy, Grandma, Alfonso, and Beppo,

I'm having a wonderful time. My English is very good now.

We have a new student in the house. His name is José Luis and

he comes from Mexico. He's very nice. We've visited a lot of interesting

places, like the Statue of Liberty and the Empire State Building, and

Lição 15 — Diálogo, gramática

Um cartão-postal para a família

Queridos mãe e pai,
Estou escrevendo em inglês porque já aprendi bastante. Na verdade não é tão difícil! O casal Young é muito amável e conheci muita gente simpática. Na casa vivem dois outros estudantes – uma moça italiana muito legal e um rapaz japonês. Já fizemos algumas coisas interessantes e o tempo também está bom.
Preciso de alguns livros para o curso. Posso receber algum dinheiro? Espero que vocês estejam bem.
Saudades,
José Luis
P.S.: 60 dólares devem ser suficientes.

Queridos papai, mamãe, vovô, Alfonso e Beppo,
Estou me divertindo muito. Meu inglês agora está muito bom. Na casa temos um novo estudante. O nome dele é José Luis e ele vem do México. É muito simpático. Já visitamos muitos lugares interessantes como a Estátua da Liberdade e o Empire State, e também tomamos muito sorvete e comemos muitos *petits-fours*. Já engordei três quilos desde janeiro. Eu deveria fazer dieta. Na verdade, <u>tenho de</u> fazer dieta!
Vocês podem me mandar algumas fotos da família na próxima carta?

Muitos beijos e saudades,
Lucia

Os verbos auxiliares modais – must, could, should

must

Nas lições anteriores, já encontramos o verbo **must**. No cartão postal de Lucia, ele aparece com um significado novo:

must	ter de
I **must** go on a diet.	Tenho de fazer uma dieta.
We **must** speak English.	Temos de falar inglês.
You **must** tell me.	Você tem de me contar.

Gramática, exercícios Lição 15

Até agora tínhamos visto o **must** como expressão de uma suposição. (**You must be hungry.** – Você deve estar com fome.) Aqui, ao contrário, expressa algo que o falante considera imprescindível, uma obrigação (**I must go on a diet** etc.).

could

O verbo **could**, assim como **must**, só apresenta uma forma:

could	poderias, poderia, poderíamos, poderiam
We **could** help you.	Poderíamos ajudá-lo.
Could I have some money?	Eu poderia receber algum dinheiro?
Could you send me a photo?	Vocês poderiam me mandar uma foto?

should

Este verbo também é invariável:

should	deverias, deveria, deveríamos, deveriam
I **should** go on a diet.	Eu deveria fazer uma dieta.
We **should** go to Boston.	Deveríamos ir a Boston.
You **should** ask him.	Você deveria perguntar a ele.

Organize as frases segundo sua ênfase (começando pela menos enfática).

Exercício 1

1. I must write to my family. They worry about me.
2. I could write to my family. Why not?
3. I should write to my family. I know they enjoy my letters.

....

Lição 15 Exercícios

Exercício 2

É importante seguir os bons conselhos. **Relacione as frases.**

1. My grandma isn't very well. She can't leave the house.
2. These exercises are very difficult.
3. The weather's wonderful.
4. I don't have any more money.
5. We need some books for school.
6. I've put on twelve pounds.
7. We're very hungry.

a You should go outside and enjoy it.
b You could have a snack.
c You must go to the bank.
d You should go on a diet.
e You could ask a student to help you.
f You should really visit her.
g You must buy them, then.

1. .....   2. .....   3. .....   4. .....
5. .....   6. .....   7. .....

Exercício 3

Preencha as lacunas com as formas adequadas dos verbos e complete a carta.

Dear David,

We .... (enjoy) our trip to Spain very much. We .... (be) here for four weeks now and we .... (do) a lot of interesting things. We .... (visit) so many churches and museums and tomorrow we .... (go) to Granada to see the Alhambra. The weather .... (be) very good all the time. We .... (meet) so many friendly people and they all .... (speak) English very well. Carol now .... (want) to learn some Spanish for her next trip! She .... (love) it here. We hope you .... (have) a good time, too.

Exercícios, vocabulário — Lição 15

Don't forget to write to us at our address in Seville. We

.... (look) forward to your news.

Best regards,
Gerry and Carol

Exercício 4

Risque a palavra que está sobrando em cada frase.

1. He doesn't look well. He must to go to bed.
2. I need an information about the courses.
3. Could you send to me some money?
4. We've had a lots of sandwiches.
5. You should to go on a diet.

Exercício 5

Escreva a preposição adequada:
in, for, from, of, on, ou *to* (2x).

1. He comes .... Mexico.
2. Please write .... English.
3. I've put .... ten pounds.
4. Send me some photos .... the family.
5. We're looking forward .... your news.
6. They've been .... Granada.
7. Could I have some money .... books?

Vocabulário

address	endereço	**Daddy**	papai
book	livro	**dear**	querido(s), querida(s)
boy	menino, rapaz		
church	igreja	**diet**	dieta, regime
could	poderia etc.	**diet** *em:*	
course	curso	**go on a diet**	fazer dieta
Dad	pai		

ONE HUNDRED AND THIRTY-NINE

Lição 15 — Vocabulário, aspectos interculturais

difficult	difícil	**name**	nome
dollar	dólar	**need**	precisar
enough	suficiente	**new**	novo(a)
girl	menina, moça	**other**	outro(s), outra(s)
Grandma	vovó	**photo**	foto
hope	esperar, ter esperança	**place**	lugar
		postcard	cartão-postal
kiss	beijo	**put on weight**	engordar
learn	aprender	**send**	enviar, mandar
letter	carta	**should**	deveria etc.
love	amor, *aqui:* saudades	**Spain**	Espanha
		visit	visitar
Mom	mãe	**weather**	tempo (meteorologia)
Mommy	mamãe		
money	dinheiro	**well**	bem
must	ter de	**write**	escrever

Correspondência

Assim como Lucia e José Luis, você já está preparado para escrever um pequeno postal ou carta em inglês, pois já sabe como se escrevem as datas. Mas o mais importante em todo tipo de correspondência são as formas de cortesia, os cumprimentos e as despedidas:

O tratamento **Dear...** é usado, como nos postais no começo da lição, para qualquer destinatário:
Dear John,   Dear Mrs. Cooper,   Dear Sir or Madam,

Não se esqueça de colocar sempre uma vírgula depois.

Para despedir-se, há diferentes fórmulas, dependendo de a quem se dirige a carta:

familiares e amigos íntimos:	*Love,* ou *Lots of love,*
conhecidos:	*Yours,* ou *Best regards,*
em cartas de negócios etc.:	*Yours sincerely,*

LIÇÃO 16

A fashion show

Mrs. Young:	Hello, Lucia! Look what I've bought.
Lucia:	Oh, what lovely clothes!
Mrs. Young:	They aren't all for me. I've bought some shirts and a pair of pants for my husband.
Lucia:	Mm, very sharp.
Mrs. Young:	Yes, I have to buy all his clothes for him. And a plain cotton shirt is as expensive as a fancy silk blouse!
Lucia:	This green dress is nice!
Mrs. Young:	I think the red skirt is sharper than the dress.
Lucia:	And it goes with this red and white blouse. And look at this hat!
Mrs. Young:	Yes, I'm wearing that outfit for a wedding we're going to. Do you think it looks elegant?
Lucia:	Oh, sure! Could I try on the hat?
Mrs. Young:	Yes, of course… You look nicer in it than me!
Lucia:	I love red.
Mrs. Young:	Oh, dear. I don't think this skirt fits me. It's too small – or I'm getting fatter!
Lucia:	I have to lose weight too. We can both go on a diet. It's easier to do it together.
Mrs. Young:	OK, but we must begin immediately! The wedding is in three weeks!
Lucia:	Oh, boy!

Lição 16 — Diálogo, gramática

Um desfile de moda

Sra. Young: Olá, Lucia! Olha só o que comprei.
Lucia: Ah, que roupas bonitas!
Sra. Young: Não são todas para mim. Comprei algumas camisas e um par de calças para meu marido.
Lucia: Hmm, muito elegantes.
Sra. Young: Sim, tenho de comprar todas as roupas dele. E uma simples camisa de algodão é tão cara quanto uma boa blusa de seda!
Lucia: Este vestido verde é bonito!
Sra. Young: Acho que a saia vermelha é mais elegante que o vestido.
Lucia: E cai bem com a blusa branca e vermelha. E veja só este chapéu!
Sra. Young: Sim, vou vestir este traje no casamento a que vamos. Você o acha elegante?
Lucia: Com certeza! Posso experimentar o chapéu?
Sra. Young: Sim, claro... Fica melhor em você do que em mim!
Lucia: Adoro vermelho.
Sra. Young: Ai, meu Deus! Acho que esta saia não me serve. É muito pequena, ou estou engordando!
Lucia: Eu também tenho de perder peso. Ambas podemos fazer dieta. É mais fácil fazê-la juntas.
Sra. Young: Certo, mas temos de começar imediatamente! O casamento é daqui a três semanas!
Lucia: Nossa!

Os comparativos de superioridade I

The skirt is **sharper**.	A saia é mais elegante.
You look **nicer** in it.	Fica melhor em você.
I'm getting **fatter**.	Estou ficando mais gorda.
It's **easier** to do it together.	É mais fácil fazê-la juntas.

O comparativo de superioridade dos adjetivos **monossilábicos** termina com o sufixo **-er**:

sharp – sharp**er**	elegante – mais elegante
sweet – sweet**er**	doce – mais doce

Se o adjetivo termina em **consoante** (**b, d, g, t** etc.) **antecedida por uma vogal breve**, a consoante se duplica:

fat – fat**ter**	gordo – mais gordo
big – bi**gg**er	grande – maior

Gramática, exercícios — Lição 16

Se a **vogal final** é um *-e átono*, então se acrescenta simplesmente um *-r*:
nice – nicer   simpático – mais simpático

O comparativo dos **adjetivos de duas sílabas que terminam em** *-y*, *-er*, *-et*, *-le* ou *-ow* também se forma com o acréscimo do sufixo *-er*. O *-y* se transforma em *-i*:
easy – easier   fácil – mais fácil
quiet – quieter   tranqüilo – mais tranqüilo
clever – cleverer   esperto – mais esperto
yellow – yellower   amarelo – mais amarelo

Mais adiante, veremos os adjetivos irregulares e os que têm mais de duas sílabas.

Complete as terminações dos adjetivos e faça as alterações ortográficas necessárias.

Exercício 1

1. My dress is nice, but your new red skirt is much sharp...... .

2. These pants are all right, but those are nice...... .

3. That blouse is very expensive. This white blouse is cheap...... .

4. She's fat...... . Her black dress doesn't fit her any more.

5. These jeans are big...... . Try them on.

6. My last diet was eas...... than the diet I'm on now!

O verbo to get
O verbo **to get** tem muitos usos e significados. Também é usado no sentido de "tornar-se", "ficar", ou seja, um processo:
I'm getting fatter.   Estou engordando.
Outros exemplos parecidos:

| **get cold** | esfriar | **get tired** | cansar-se |
| **get wet** | molhar-se | **get old** | envelhecer |

Lição 16 — Gramática, exercícios

Comparativos – ... than, as... as

Na comparação de adjetivos são utilizadas as seguintes construções:

... than	mais... (do) que
The blue shirt is **nicer than** the white shirt.	A blusa azul é **mais** bonita **que** a branca.
You look **nicer** in it **than me**.	Fica **melhor** em você **que** em mim.

■ Observe que os pronomes pessoais que aparecem depois de **than** tomam a forma de pronomes oblíquos: **me, him** etc.

as... as	tão/tanto... como/quanto
A shirt is **as expensive as** a blouse.	Uma camisa é **tão cara quanto** uma blusa.

Exercício 2

As ou than?

1. You look lovelier in red ...... in yellow.
2. She looks nicer in it ...... me.
3. He's as big ...... me, but I'm cleverer!
4. Actually, I'm not as fat ...... him!
5. Are things here as expensive ...... in Spain?
6. Well, some things are cheaper ...... in Mexico.

Substantivos que só se usam no plural

Em inglês existem muitos substantivos que são usados unicamente no plural. Aqui estão alguns dos mais utilizados:

pants	calças	**swimming trunks**	calções de banho
jeans	calças jeans	**clothes**	roupas
pajamas	pijama	**scissors**	tesoura
glasses	óculos		

▶

Como a maioria dessas coisas ou objetos normalmente é formada de duas partes iguais, pode-se utilizar também a expressão *a pair of* (um par de):

a pair of pants	(um par de) calças
a pair of scissors	uma tesoura
a pair of pajamas	um pijama etc.

have to/has to – must

Na lição anterior, vimos que o verbo **must** é utilizado quando quem fala acredita que alguma coisa é necessária ou indispensável, quase uma obrigação. Aqui ele aparece de novo com esse significado:

We **must** begin immediately!	Temos de começar imediatamente!

Preste atenção neste exemplo:

I **have to** buy his clothes for him.	Tenho de comprar as roupas para ele.

Aqui o verbo também significa "ter de". Entretanto, há uma certa diferença: a sra. Young não compra a roupa para seu marido devido a uma obrigação moral ou convicção, mas porque **as circunstâncias tornam isso necessário** (provavelmente, o sr. Young não tem tempo, ou tem um péssimo gosto).

No caso de **have to**, apenas a terceira pessoa do singular varia:

He **has to** go.	Ele tem de ir.

■ Mais um vez:

must	quem fala considera algo absolutamente necessário
have to/ has to	circunstâncias externas fazem com que algo seja obrigatório

Lição 16 Gramática, exercícios

> **A interrogativa com have to/has to**
>
> A interrogativa de **have to/has to** se forma da seguinte maneira:
>
> **Do/Does** + sujeito + **have to**
>
> **Do** I **have to** go? Tenho de ir?, etc.
> **Do** you **have to** go?
> **Does** he/she/it **have to** go?
> **Do** we **have to** go?
> **Do** you **have to** go?
> **Do** they **have to** go?

Exercício 3

Substitua *must* por *have to* e remova a idéia de obrigação das frases.

1. The women must wear hats.

   ....

2. He must buy a new shirt for the wedding.

   ....

3. Must they buy new clothes?

   ....

4. I really must go downtown now.

   ....

5. Must we go on a diet?

   ....

6. She must wear a dress to the wedding, not pants.

   ....

Exercícios, vocabulário Lição 16

Exercício 4

Relacione as frases.

1. She says she must go to bed early.
2. She has to go to bed early.
3. We really must ask them to dinner.
4. We have to ask them to dinner.
5. I must go.
6. I'm sorry, I have to go.

a Her train leaves at six in the morning.
b She really is very tired.
c We'd love to see them.
d We had dinner with them last month.
e My English class is at 4 o'clock.
f I'm not very well.

1. ..... 2. ..... 3. .....
4. ..... 5. ..... 6. .....

Vocabulário

as... as	tão/tanto... como/quanto
begin	começar
blouse	blusa
both	ambos(as)
clever	esperto
cotton	algodão, de algodão
dress	vestido
easy	fácil
elegant	elegante
expensive	caro(a)
fancy	bom, de boa qualidade; enfeitado
fashion show	desfile de moda
fit	servir (roupa)
get fat	engordar
hat	chapéu
have to	ter de
husband	marido
immediately	imediatamente
look at	olhar
lose weight	perder peso
Oh, boy!	Nossa!
outfit	traje
pair	um par
pants *(pl.)*	calças
plain	simples
sharp	*aqui:* elegante
shirt	camisa
silk	seda, de seda
skirt	saia
sure	claro, com certeza

than	do que	**wear**	usar, vestir
try on	experimentar	**wedding**	casamento

Vocabulário adicional

Calçados e meias

boots	botas	**socks**	meias
sandals	sandálias	**stockings**	meias-calças
shoes	sapatos	**tights**	calças *fuseau*
sneakers	tênis		

Roupa

As ruas das grandes cidades dos EUA oferecem um verdadeiro desfile de moda. Os contrastes, as tendências e o estilo das pessoas chamam a atenção dos visitantes. Os principais estilistas de moda têm ateliês na "Big Apple" (Grande Maçã), e se inspiram nesta cidade apaixonante para criar suas coleções. As vitrines de Nova York também são um grande espetáculo, principalmente quando uma mudança de estação se aproxima. Os novos modelos chegam às lojas com antecedência para que os compradores se preparem para receber a nova estação.

Em se tratando de compras, se você tiver o mesmo problema que a sra. Young e uma roupa não cair bem quando for experimentada em casa, não se preocupe. As lojas costumam aceitar devoluções sem pedir explicações, desde que as peças mantenham as etiquetas. Por isso, muita gente prefere comprar as roupas e experimentá-las na comodidade de seu lar.

A maioria das roupas tem os seguintes tamanhos:

P	*petite*	para mulheres com menos de 1,63 m
XS	*extra small*	extrapequeno (PP)
S	*small*	pequeno (P)
M	*medium*	médio (M)
L	*large*	grande (G)
XL	*extra large*	extragrande (GG)
XXL	*extra-extra large*	extra-extragrande (3G)

LIÇÃO 17

Money matters

Akio: Hi, José Luis. How are you?
José Luis: Not so good. Life is getting more difficult.
Akio: That's bad news. What's the problem?
José Luis: I'm short of money. Could you lend me some cash?
Akio: Sure. How much do you want?
José Luis: Well, maybe sixty dollars?
Akio: Sorry, I can't lend you more than twenty.
José Luis: That's fine. I might borrow the rest from Lucia.
Akio: Okay. I could get some money from the ATM this afternoon. You can come with me.
José Luis: Is it far?
Akio: No, it's just down the road.
José Luis: All right, I might come then.

At the ATM – Automatic Teller Machine.

José Luis: I don't have a debit card.
Akio: You should get one. They're more useful than checks. You can get money twenty-four hours a day and on weekends.
José Luis: I have a bank account in Mexico, but I really must get a debit card.
Akio: Yes, then you don't have to change money – or borrow it! Here you are – here's a twenty-dollar bill.

Questões de dinheiro

Akio: Oi, José Luis! Como vai?
José Luis: Não muito bem. A vida está ficando mais difícil.
Akio: Que má notícia. Qual é o problema?
José Luis: Estou quase sem dinheiro. Você poderia me emprestar um pouco de dinheiro vivo?
Akio: Claro. Quanto você quer?
José Luis: Bom, talvez uns sessenta dólares?
Akio: Sinto muito, não posso emprestar mais de vinte.
José Luis: Está bem. Talvez eu possa pedir o resto emprestado à Lucia.
Akio: Certo. Eu poderia sacar algum dinheiro do caixa eletrônico esta tarde. Você pode vir comigo.
José Luis: É longe?
Akio: Não, descendo a rua.
José Luis: Tudo bem, então talvez eu vá com você.
No caixa eletrônico.
José Luis: Não tenho cartão de débito.
Akio: Você deveria obter um. São mais úteis que os cheques. Você pode sacar dinheiro vinte e quatro horas por dia e aos fins de semana.
José Luis: Tenho uma conta bancária no México, mas tenho mesmo de conseguir um cartão de débito.
Akio: É, assim você não tem de trocar dinheiro nem pedir emprestado! Tome: uma nota de vinte dólares.

Gramática, exercícios Lição 17

Os comparativos de superioridade II

Na lição anterior vimos as formas comparativas dos adjetivos de até duas sílabas.

Faz-se a comparação de superioridade dos adjetivos com mais de duas sílabas através da palavra **more**:

difficult	- **more** difficult	difícil – mais difícil
useful	- **more** useful	útil – mais útil
delicious	- **more** delicious	delicioso – mais delicioso
fascinating	- **more** fascinating	fascinante – mais fascinante
interesting	- **more** interesting	interessante – mais interessante

E agora os **adjetivos irregulares**:

good	- **better**	bom – melhor
bad	- **worse**	mau – pior
far	- **farther**	longe – mais longe
many	- **more**	muitos – mais
much	- **more**	muito – mais
little	- **less**	pouco – menos

Escreva o comparativo de superioridade correspondente.

Exercício 1

1. Life isn't getting .... (easy). It's getting .... (difficult).

2. Debit cards are .... (useful) than checks.

3. It's getting .... (wet) every day.

4. This building looks .... (fascinating) than the last one.

5. It's .... (interesting) than shopping.

Gramática

to borrow – to lend

Preste atenção aos verbos **to borrow** e **to lend**, principalmente se você tiver problemas financeiros:

lend someone something	emprestar algo a alguém
Can you lend me some money?	Pode me emprestar algum dinheiro?
borrow something from someone	pedir alguma coisa emprestada a alguém
Can I borrow some money from you?	Posso lhe pedir algum dinheiro emprestado?

Grafia dos números cardinais

Já que estamos falando de dinheiro, eis mais alguns detalhes importantes sobre os números em inglês:

Em inglês, diferentemente do português, usa-se uma **vírgula** para assinalar o milhar: **1,000**, **21,500** e assim por diante.
Também o inverso se dá com a nossa vírgula decimal, que em inglês é um **ponto**: **1.5**, **4.567** etc.

O verbo auxiliar modal – might

Might é outro verbo modal defectivo, que **não varia de forma**. Serve para expressar possibilidade.

Em português, pode ser traduzido por "talvez" ou "pode ser".

I might borrow the rest from Lucia.	Talvez eu peça o resto emprestado à Lucia.
I might come with you.	Talvez eu vá com você.

Exercícios, gramática — Lição 17

Might ou **could?**

1. .... I have some more milk, please?
2. Yes, but it .... not be enough.
3. He .... ask his parents for the rest, but they .... not like it.
4. .... you come and help us tomorrow?
5. I don't think we can, but we ....

Exercício 2

have to/has to – a negativa

*Then you **don't have to** change money.* Assim você não tem de trocar dinheiro.

A negativa de **have to/has to** é formada da seguinte maneira:
don't have to/doesn't have to   não ter de

Traduza o seguinte diálogo.

A: Pode me emprestar 35 dólares?

....

B: Claro.

....

A: Normalmente eu não peço dinheiro emprestado.

....

B: Tudo bem.

....

A: Obrigado. É muito gentil de sua parte.

....

Exercício 3

Lição 17 — Vocabulário, aspectos interculturais

Vocabulário

ATM *(Automatic Teller Machine)*	caixa eletrônico
bad	mau, má
bad news	más notícias
bank account	conta bancária
bill	nota
borrow	pedir emprestado
building	edifício
cash	dinheiro vivo
change	trocar
check	cheque
debit card	cartão de débito
down the road	descendo a rua, rua abaixo
far	longe
get	obter, *aqui*: sacar
lend	emprestar
might *em:*	
I might ...	talvez eu..., pode ser que eu...
news	notícias
parents	pais
rest	resto
short *em:*	
I'm short of...	estou quase sem...
That's fine	Está bem/ Tudo bem
weekend	fim de semana
weekend *em:*	
on the weekend	no fim de semana

Formas de pagamento

Os cartões eletrônicos predominam nos Estados Unidos como forma de pagamento. Há caixas eletrônicos em quase toda esquina, e em todos os lugares é comum pagar pequenos montantes também com cheque ou com cartão. Por isso, não estranhe se encontrar filas enormes na hora de pagar.

Com um cartão de débito (**debit card** ou **check card**) é possível sacar dinheiro em quase todos os caixas eletrônicos. Costuma ser mais barato do que trocar dinheiro no banco ou em uma casa de câmbio.

LIÇÃO 18

A crisis

Lucia: What's the matter, Akio? You look worried.
Akio: I've lost my debit card.
Lucia: Oh, no! What are you going to do?
Akio: Well, I'm not going to panic.
Lucia: Good. I'm sure everything's going to be all right. Why don't you report it to the police right away?
Akio: I'm going to. But first of all I'm going to call my bank in Osaka.
Lucia: Do you have the telephone number?
Akio: Yes, I have it in my address book upstairs.
Lucia: Shall I lend you some money?
Akio: No, thanks. José Luis is going to give me back my twenty dollars this afternoon.
Lucia: Ah, here he is.
José Luis: Akio! You aren't going to believe this.
Akio: I know. You don't have my money.
José Luis: Yes, I have it. But I have your debit card too. I just found it on the kitchen table!
Akio: Oh, thank goodness!
Lucia: Well, I've got some good news, too. Mr. and Mrs. Young are going to take us out to the countryside on Monday.
José Luis: On Monday?
Lucia: Yes, Monday is Columbus Day.
Akio: Let me explain, José Luis – but first give me my twenty dollars and my debit card.

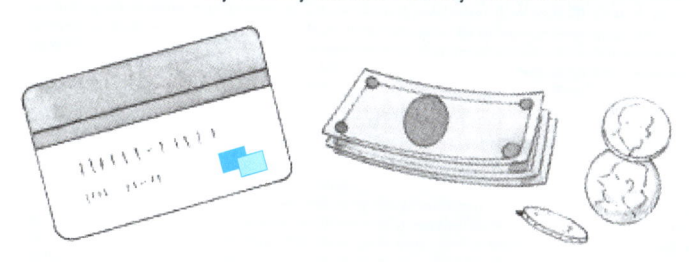

Uma crise

Lucia:	O que foi, Akio? Você parece preocupado.
Akio:	Perdi meu cartão de débito.
Lucia:	Ah, não! O que você vai fazer?
Akio:	Bem, não vou entrar em pânico.
Lucia:	Muito bem. Tenho certeza de que tudo vai dar certo. Por que não avisa logo a polícia?
Akio:	Vou fazer isso. Mas primeiro vou telefonar para o meu banco em Osaka.
Lucia:	Você tem o número do telefone?
Akio:	Sim, tenho-o na minha agenda de telefones lá em cima.
Lucia:	Posso emprestar algum dinheiro a você?
Akio:	Não, obrigado. José Luis vai me devolver os vinte dólares esta tarde.
Lucia:	Ah, aí está ele!
José Luis:	Akio! Você não vai acreditar nisto.
Akio:	Eu sei. Você não tem aí o meu dinheiro.
José Luis:	Tenho, sim. Mas também tenho seu cartão de débito. Acabei de encontrá-lo em cima da mesa da cozinha.
Akio:	Ah, graças a Deus!
Lucia	Bom, eu também tenho boas notícias. O sr. e a sra. Young vão nos levar para o campo na segunda-feira.
José Luis:	Segunda-feira?
Lucia:	Sim, é o Columbus Day.
Akio:	Deixe-me explicar, José Luis – mas antes dê-me os vinte dólares e o cartão.

O futuro com to be going to

Com **be going to** + o infinitivo do verbo principal podemos expressar futuro:

I'**m going to buy** a hat.	Vou comprar um chapéu.
They'**re going to help** us.	Eles vão nos ajudar.

Esta forma de futuro é usada quando quem fala **tem a intenção de fazer alguma coisa**. Corresponde, em português, a **ir + infinitivo**:

I'**m going to call** my bank.	Vou ligar para o meu banco.

Gramática, exercícios Lição 18

Também é usada quando quem fala quer expressar sua **convicção de que alguma coisa vai acontecer**:

He's going to give me back my twenty dollars.
Ele vai me devolver meus vinte dólares.

I'm sure everything's going to be all right.
Tenho certeza de que tudo vai dar certo.

to be going to – a negativa

A negativa é construída introduzindo-se **not** ou **-n't** entre **to be** e **going to**:

I'm not going to panic.
Não vou entrar em pânico.

He **isn't going to** panic.
Ele não vai entrar em pânico.

They **aren't going to** panic.
Eles não vão entrar em pânico.

to be going to – a interrogativa

Na forma interrogativa, o sujeito aparece depois do verbo **to be**:

Are you going to call him?
Você vai ligar para ele?

Are they going to come?
Eles virão?

Exercício 1

O que você vai fazer?
Complete as frases com *going to*.

A: What .... (you, do) after college?

B: I .... (work) in a bank and I .... (make) a lot of money.

Lição 18 — Exercícios

A: Well, I .... (not, live) in town. I .... (have) a house in the country.

B: In the country! You .... (not, find) work there.

A: I .... (not, get) a job. He .... (buy) me a lovely big house.

B: He?

A: Yes, my millionaire. Let me explain...

Exercício 2

O que as seguintes pessoas vão fazer? Utilize *going to*.

1. She's lost her bag.
   She .... (report) it to the police.

2. Don't panic. Everything .... (be) all right.

3. He looks very worried.
   He .... (panic).

4. They found ten thousand dollars in a case. They .... (give) it to the police.

5. I have some good news.
   I .... (call) my parents and tell them.

6. I'm sure we .... (have) a wonderful vacation in the country.

Exercícios — Lição 18

Exercício 3

Passe as frases do Exercício 2 para a negativa.

1. ....
   ....
2. ....
   ....
3. ....
   ....
4. ....
   ....
5. ....
   ....
6. ....
   ....

Exercício 4

Faça perguntas usando a expressão *going to*.

Você quer saber se...

1. tudo vai ficar bem.

   ....

2. ele vai acreditar nisso.

   ....

3. ela vai telefonar.

   ....

4. a aula de inglês deles vai ser interessante.

   ....

5. (o interlocutor) vai ajudar você.

   ....

6. vai haver uma crise.

   ....

Lição 18 — Gramática, exercícios, vocabulário

O verbo auxiliar modal – shall

Shall I...? Devo/Posso/Que tal se...?
Shall we...? Devemos/Podemos/ Que tal se nós...?

Shall expressa uma **proposta** e é usado **só** em **primeira pessoa** (**singular** e **plural**):

Shall I lend you some money? Posso lhe emprestar/ Que tal se eu lhe emprestasse algum dinheiro?

Shall we go home? Vamos para casa?/Que tal irmos para casa?

Exercício 5

Shall I...?
Relacione as frases.

1. We're short of money.
2. They want to go out into the country.
3. She can't understand this.
4. He isn't going to like this.
5. I've lost my address book.

a Shall I take them there?
b Shall I lend you some?
c Shall I help you to find it?
d Shall I tell him?
e Shall I explain it to her?

1. ..... 2. ..... 3. .....
4. ..... 5. .....

Vocabulário

address book	agenda de telefones
believe	acreditar
call	telefonar
case	valise
college	faculdade
country em:	
to the countryside	para o campo
crisis	crise
everything	tudo
explain	explicar
first (of all)	primeiro, antes (de mais nada)
give back	devolver
going to	ir (fazer alguma coisa)
good news	boas notícias

Vocabulário, aspectos interculturais　　　　　　　　　　　　Lição 18

holiday	feriado	**right away**	logo, já, imediatamente
kitchen table	mesa de cozinha	**sure**	claro, com certeza
lose	perder		
make money	ganhar dinheiro	**take**	levar
millionaire	milionário	**telephone number**	número de telefone
panic	entrar em pânico	**vacation**	férias
police	polícia	**What's the matter?**	O que foi?
report	*aqui:* avisar (a polícia)	**worried**	preocupado(a)

Feriados

Nos Estados Unidos não há tantos feriados como nos países latino-americanos. Entretanto, se um feriado cai em um fim de semana, é comemorado na segunda-feira seguinte. A seguir, os feriados mais importantes:

New Year's Day	Ano Novo (1º de janeiro)
Martin Luther King, Jr.'s Birthday	Aniversário de Martin Luther King (3ª segunda-feira de janeiro)
Presidents Day	Aniversário de Lincoln e Washington (3ª segunda-feira de fevereiro)
Memorial Day	última segunda-feira de maio
Independence Day	Dia da Independência (4 de julho)
Labor Day	Dia do Trabalho (1ª segunda-feira de setembro)
Columbus Day	2ª segunda-feira de outubro
Thanksgiving Day	Ação de Graças (última quinta-feira de novembro)
Christmas Day	Natal (25 de dezembro)

Teste 3

1 Escolha uma das soluções e pule para a casa correspondente.

2 They ... some more tea.

have ordered ⇨ 8
has ordered ⇨ 15

6 Falso!

Volte para o número 8.

7 Falso!

Volte para o número 4.

11 Falso!

Volte para o número 29.

12 Muito bem, continue: German is more difficult ... English.

than ⇨ 16
as ⇨ 24

16 Bem, continue: My English is getting ... .

better ⇨ 22
more ⇨ 18

17 Falso!

Volte para o número 22.

21 Falso!

Volte para o número 13.

22 Correto! Their English is ... than mine.

less ⇨ 17
worse ⇨ 19

26 Falso!

Volte para o número 30.

27 Bem, continue: I'm not as fat ... he.

than ⇨ 23
as ⇨ 12

Teste 3

3 Falso!

Volte para o número 5.

4 Bem, continue:
They've had ... of tourists.

lots ⇨ 20
many ⇨ 7

5 Correto, continue:
I haven't been here ... years.
since ⇨ 3
for ⇨ 13

8 Correto, continue:
... she ordered some more?
Have ⇨ 6
Has ⇨ 25

9 Falso!

Volte para o número 25.

10 Falso!

Volte para o número 14.

13 Correto, continue:
You should ... it.

to do ⇨ 21
do ⇨ 29

14 Muito bem, continue:
They had too ... ice cream.
many ⇨ 10
much ⇨ 30

15 Falso!

Volte para o número 2.

18 Falso!

Volte para o número 16.

19 Correto!

Fim do exercício.

20 Estupendo! Continue:
We've lived here ... 2005.
since ⇨ 5
for ⇨ 28

23 Falso!

Volte para o número 27.

24 Falso!

Volte para o número 12.

25 Muito bem, continue: He ... known her for a long time.
hasn't ⇨ 14
haven't ⇨ 9

28 Falso!

Volte para o número 20.

29 Estupendo! Continue:
She must ... on a diet.

to go ⇨ 11
go ⇨ 27

30 Correto, continue:
She's eating so ... scones.
much ⇨ 26
many ⇨ 4

LIÇÃO 19

A picnic

Mr. Young: Hm, the gas is low. But we're nearly there. We'll get some on the way back.
Mrs. Young: Yes, it's only half a mile. Drive slowly and I'll tell you when to turn left.
Mr. Young: Ah, here's the perfect place for a picnic!
Lucia: I'll unpack the food if you like.
Mrs. Young: José Luis, could you open this bottle of wine?

José Luis: Certainly. And I'll try it for you, too.
Lucia: No, you won't! You'll put out the knives and forks…
Akio: … and the plates and glasses – and do it carefully. Mr. Young will try the wine.
Mr. Young: No, I won't have any wine. I'm driving.
Mrs. Young: No, no. I'll drive back if you want.
Mr. Young: Oh, will you?
Mrs. Young: Yes. I'll just have water. Is this my glass?
Lucia: Yes, that's yours. Mine's over there.
Mr. Young: Well, let me pour the wine, then.
Lucia: Just a small glass for me, please – and for the boys!

Diálogo, gramática — Lição 19

José Luis:	Oh, but it'll be good for our English!
Akio:	Yes, we'll speak the language more fluently!
José Luis:	And we won't make any more silly faults.
Mrs. Young:	We won't make any more silly *mistakes*, José Luis!

Um piquenique

Sr. Young:	Hmm..., a gasolina está no fim. Mas estamos quase lá. Colocaremos gasolina na volta.
Sra. Young:	Sim, é só meia milha. Dirija devagar e eu direi quando virar à esquerda.
Sr. Young:	Ah, eis o lugar ideal para um piquenique!
Lucia:	Eu desembrulharei a comida se vocês quiserem.
Sra. Young:	José Luis, você poderia abrir esta garrafa de vinho?
José Luis:	Com certeza. E o provarei pela senhora também.
Lucia:	Não, não provará! Vai pôr as facas e os garfos...
Akio:	... e os pratos e os copos – e faça-o com cuidado. O sr. Young provará o vinho.
Sr. Young:	Não, não beberei. Vou dirigir.
Sra. Young:	Não, não. Eu dirigirei na volta, se quiser.
Sr. Young:	Fará isso?
Sra. Young:	Sim, só beberei água. É este o meu copo?
Lucia:	Sim, este é o seu. O meu está ali.
Sr. Young:	Bem, então deixem-me servir o vinho.
Lucia:	Só um copo pequeno para mim, por favor, e para os rapazes!
José Luis:	Ah, mas será muito bom para nosso inglês!
Akio:	Sim, falaremos o idioma com mais fluência.
José Luis:	E não cometeremos mais defeitos bobos.
Sra. Young:	Não cometeremos mais *erros* bobos, José Luis!

O futuro com will

O futuro com **will** é um tempo verbal muito simples:
will ou **-'ll** + infinitivo do verbo principal

I**'ll help**	ajudarei, etc.	we**'ll help**
you**'ll help**		you**'ll help**
he**'ll**/she**'ll**/it**'ll help**		they**'ll help**

Lição 19 — Gramática, exercícios

Usos do futuro com will

Esta forma é usada para
– fazer **previsões de caráter geral**:
We'll get some gas on the way back. — Colocaremos gasolina na volta.

– expressar uma **intenção espontânea**:
I'll try the wine. — Experimento o vinho. / Experimentarei o vinho.
I'll drive back. — Dirijo na volta. / Dirigirei na volta.

Exercício 1

B reage espontaneamente. **O que B diz?**

A: She can't open the bottle.
B: I/do/it.

....

A: He's too tired to drive home.
B: No problem – she/drive/us/back.

....

A: I don't think the wine's very good.
B: Oh, it/be/all right.

....

A: I can't carry it.
B: They/help/you.

....

A: Where are the knives and forks?
B: We/get/them.

....

Gramática, exercícios — Lição 19

O futuro com will – a interrogativa

Will I find it?　　　　　Eu o encontrarei?, etc.
Will you find it? etc.

Para **responder** a uma intenção espontânea expressa com **will**, é comum utilizar-se a **forma sintética da interrogativa**:
I'll drive back.　　　　　Dirijo na volta.
　　　　　　　　　　　　Dirigirei na volta.
– Will you?　　　　　– Fará isso?

O futuro com will – a negativa

A negação de **will** é **won't** (abreviatura de **will not**, forma utilizada apenas para enfatizar a negação):
I **won't** come.　　　　　Não vou./Não irei., etc.
You **won't** come etc.

Exercício 2

Leia o diálogo de novo. **O que eles não vão fazer? Forme frases com sentido.**

A	B	C
1. José Luis	won't have	home.
2. Mrs. Young	won't drink	any more mistakes.
3. Lucia	won't make	too much wine.
4. Mr. Young	won't drive	any wine.

1. ....
2. ....
3. ....
4. ....

when – if

When we get back, I'm going to bed.
Quando chegarmos em casa, vou para a cama.

I'll tell you **when to turn left.**
Direi **quando** virar à esquerda.

I'll unpack the food **if you like.**
Desembrulharei a comida, **se quiserem.**

when / to — quando – algo acontece em um momento determinado, em um período de tempo determinado (é certeza de que vai acontecer)

if — se, em caso de – algo vai acontecer se uma determinada condição se cumprir (não é certo que vá acontecer)

Exercício 3

When ou **if?**

1. .... we arrive, we'll unpack the picnic things.

2. .... you don't want much, just have a small glass.

3. .... you drive us home, I'll have some wine.

4. .... we get back, we'll go to bed right away.

5. .... you go to bed very late, you'll look tired the next day.

Gramática　　　　　　　　　　　　　　　　　　　　　　Lição 19

half a/an...

| half a mile | meia milha |
| half an hour | meia hora |

■ **Atenção**: ao contrário do que ocorre em português, acrescenta-se o artigo indefinido **a/an** logo após **half**.

Plurais irregulares III

Os substantivos que terminam em **-fe** ou em **-f** formam seu plural em **-ves**:

kni**fe**	kni**ves**	faca
wi**fe**	wi**ves**	esposa
loa**f**	loa**ves**	filão (de pão)
hal**f**	hal**ves**	metade

Advérbios

Um advérbio, entre outras coisas, serve para descrever o verbo com mais detalhe:

| **Drive slowly.** | Dirija devagar. |
| **Do it carefully.** | Faça-o com cuidado. |

A maior parte dos advérbios derivados de adjetivos se forma com o acréscimo da terminação **-ly**:

slow	slow**ly**	devagar, lentamente
careful	careful**ly**	com cuidado, cuidadosamente
fluent	fluent**ly**	com fluência, fluentemente

O **comparativo de superioridade** dos advérbios é muito fácil: é só colocar **more** antes do advérbio:

| We'll speak **more fluently**. | Falaremos com mais fluência. |

Lição 19 — Exercícios, gramática

Exercício 4

Complete com os advérbios.

1. He's a slow and careful driver. He drives .... and ....
2. Her English is fluent. She speaks English ....
3. They are slow students. They are learning ....
4. This exercise is very bad. I've done it ....
5. The food tastes very nice. You've cooked it ....

Os pronomes possessivos – mine, yours

Em lições anteriores já vimos os pronomes possessivos adjetivos: **my**, **your**, **his** etc.

Também é possível expressar posse com o uso dos pronomes possessivos substantivos, que são usados em lugar dos substantivos:
It's my glass. – It's **mine.**   É o meu copo. – É (o) meu.
It's your glass. – It's **yours.**   É o teu copo. – É (o) teu.

Esses pronomes possessivos são **invariáveis**. Eis os demais:

mine	meu, minha, meus, minhas
yours	teu(s), tua(s), seu(s), sua(s)
his	seu(s), sua(s), dele
hers	seu(s), sua(s), dela
its	seu(s), sua(s) (neutro)
ours	nosso, nossa, nossos, nossas
yours	seu(s), sua(s) (de vocês)
theirs	seu(s), sua(s) (deles, delas)

Exercícios, gramática, vocabulário Lição 19

Exercício 5

Quem está com seu copo?
Preencha as lacunas com os pronomes correspondentes *mine, yours, his, hers, ours* ou *theirs*.

1. I already have .... It's full.
2. The boys have ....
3. Lucia has put .... on the picnic table.
4. That's José Luis's glass. .... is very full.
5. Mrs. Young, there's water in this glass. Is it .... ?
6. Yes, the glasses with water are ....

mistake – fault

■ José Luis é um rapaz muito simpático, mas também tem seus defeitos, como confundir estas duas palavras:

mistake	falha, falta, erro, sobretudo em relação à escola, por exemplo: erro de ortografia
make a mistake	cometer uma falta, um erro
fault	1. defeito (técnico) 2. culpa
it's your fault	é culpa sua

Vocabulário

bottle	garrafa	**half a mile**	meia milha
carefully (*adv.*)	cuidadosamente	**if**	se, em caso de
certainly (*adv.*)	certamente	**knife**	faca
drive	dirigir	**left**	(à) esquerda
drive back	dirigir de (na) volta	**low**	*aqui:* no fim
		mile	milha
fault	defeito, culpa	**mine**	meu(s), minha(s)
fluently (*adv.*)	fluentemente		
fork	garfo	**mistake**	erro, falta
gas	gasolina		

▶

Lição 19 — Vocabulário, aspectos interculturais

nearly *(adv.)*	quase	**try**	provar (o vinho)
open	abrir	**turn**	virar
perfect	ideal, perfeito	**unpack**	desembrulhar
picnic	piquenique	**water**	água
plate	prato	**way** *em*:	
pour	servir (líquido)	on the way back	na volta
put out	pôr, dispor	**wine**	vinho
silly	bobo(a)	**yours**	teu(s), tua(s), seu(s), sua(s)
slowly *(adv.)*	devagar, lentamente		
small	pequeno(a)		

Álcool

O sr. Young fez muito bem em recusar a taça de vinho. Nos Estados Unidos há leis muito severas em relação a dirigir sob os efeitos do álcool. Durante vários anos, o governo e a polícia trabalharam conjuntamente em uma campanha de sensibilização e conscientização dos motoristas que já está dando frutos. Na maioria dos estados, se uma pessoa chega a ser condenada por dirigir embriagada, isso pode lhe custar desde uma multa entre 250 e 500 dólares até seis meses de prisão, a suspensão da carteira de motorista por até seis meses e, em alguns casos, a apreensão do veículo.

Bon appétit

Para desejar bom apetite antes das refeições, usa-se em inglês a expressão francesa *"bon appétit"*. Nos restaurantes, o garçom ou a garçonete talvez diga *"Enjoy your meal"* ("desfrute sua refeição"). No entanto, a ausência do comentário não chega a ser uma indelicadeza.

LIÇÃO 20

The environment

Mrs. Young: We won't want any supper tonight!
José Luis: No, we won't. We've eaten so much.
Mr. Young: Yes, we certainly have! But we must get back, and I need some gas.
Mrs. Young: Shall we clear up, then?
José Luis: Yes. And we mustn't leave any litter.
Lucia: Can you hand me those bottles over there?
José Luis: Which ones? The empty ones?
Lucia: Yes. I'll put them in that trash can behind those trees.
Mrs. Young: Don't do that, Lucia. You mustn't throw bottles in ordinary trash.
Mr. Young: We'll take them back and put them in the recycling bin. Every week, the city collects bottles and cans and takes them to a recycling plant. Newspapers too.
José Luis: Haven't you heard of environmental conversation, Lucia?
Mrs. Young: You mean conservation! I think you've had too much wine, José Luis!

NO LITTER
violators will be prosecuted

NO? DUMPING

Don't be a litter bug

TRASH ONLY

GLASS ONLY

Clean up after your dog
$25–$200 fine

O meio ambiente

Sra. Young: Nem vamos querer cear hoje à noite!
José Luis: Não, não vamos. Comemos tanto.
Sr. Young: Com certeza! Mas temos de voltar, e eu preciso de gasolina.
Sra. Young: Devemos arrumar tudo, então?
José Luis: Sim. E não podemos deixar nenhum lixo.
Lucia: Pode me passar aquelas garrafas ali?
José Luis: Quais? As vazias?
Lucia: Sim. Vou colocá-las naquela lata de lixo, atrás daquelas árvores.
Sra. Young: Não faça isso, Lucia. Você não deve jogar garrafas no lixo comum.
Sr. Young: Vamos levá-las de volta e colocá-las na lata de lixo reciclável. Toda semana, a cidade recolhe as garrafas e as latas e leva-as para a usina de reciclagem. E também os jornais.
José Luis: Nunca ouviu falar de conversação do meio ambiente, Lucia?
Sra. Young: Você quer dizer conservação! José Luis, acho que você bebeu vinho demais!

NÃO JOGUE LIXO
Os infratores serão processados

Só lixo orgânico

Proibido jogar lixo

Não seja porco!

Só vidro

Limpe a sujeira de seu cachorro.
Multa de $25 a $200

Gramática, exercícios — Lição 20

O verbo auxiliar modal – mustn't

A forma negativa de **must** tem a ver com **proibição**, e pode ser traduzido por "não dever":

We **mustn't** leave any litter.	Não devemos deixar lixo.
You **mustn't** throw bottles away.	Você não deve jogar garrafas no lixo.

Exercício 1

Relacione as frases.

1. She wants to speak good English.
2. She mustn't eat so much chocolate.
3. We mustn't forget to get some gas.
4. Don't separate the white and green bottles now.
5. The trash can's full.

a We don't want to sleep in the car.
b But she doesn't have to go on a diet.
c We have to take our trash home in the trunk.
d But she doesn't have to speak it perfectly.
e But you must put them in separate containers.

1. ..... **2.** ..... **3.** ..... **4.** ..... **5.** .....

Exercício 2

Proibição ou ausência de obrigação?
Complete as frases com mustn't/don't have to.

1. You .... drive when you're tired.
2. They .... eat if they aren't hungry.
3. Don't worry, you .... clear up after the picnic.
4. You .... throw the cans in the paper container.
5. We .... go back yet. It's only five-thirty.

Lição 20 — Gramática, exercícios

O pronome – one, ones

Em português, transformamos facilmente o adjetivo em substantivo: "o carro azul" pode ser designado como "o azul", ou "a mulher morena" como "a morena".
Em inglês, é necessário acrescentar uma palavra: **one** para o singular e **ones** para o plural.

the empty ones	as (garrafas) vazias
the expensive one	o (carro) caro

Exercício 3

One ou *ones*?

A: Pass me those plates, please.

B: Do you mean these blue ……?

A: No, the big white …… behind them. And a glass, please.

B: A small ……?

A: Yes, a small …… for me, but give the boys large …… .

B: Can I have the sandwiches, please?

A: Which ……?

B: The …… with egg and bacon. I love them!

A: Yes, they're delicious. I'll have ……, too.

Respostas sintéticas com will

Como no caso das respostas sintéticas com **do**, **can** etc., também aqui elas são formadas com a simples repetição do verbo auxiliar.

Will you drive back?	Você vai dirigir na volta?
*No, I **won't**.*	Não, (não vou).
*Yes, I **will**.*	Sim, (vou).

Gramática, exercícios Lição 20

Verbo + preposição/partícula I

Em inglês, muitos verbos são acompanhados de uma preposição ou partícula que altera o significado do verbo principal:

clear **up**	arrumar
throw **away**	jogar fora
look **after**	cuidar de

Nas lições passadas já encontramos alguns exemplos:

come **in**	entrar
sit **down**	sentar-se
get **back**	voltar
go **out**	sair
try **on**	experimentar (roupa)

Sublinhe a expressão correta.

Exercício 4

A: Environmental conservation – I've never *heard/heard of* it. What does it mean?

B: It means we must *clear up/look after* the environment.

A: I see. Well, I *mean/think* recycling is a very good idea.

B: Okay. I'll *give back/throw away* the litter and you put the bottles in the trunk of the car.

A: Yes, but don't *throw away/put out* the knives and forks!

Vocabulário

behind	atrás	litter	lixo
blue	azul	litter bug	porco (pessoa que joga lixo no chão)
can	*aqui:* lata		
certainly	certamente, sem dúvida	ordinary	comum
city	cidade	prosecuted	processado
clean up	arrumar	recycling	reciclagem
collect	recolher	recycling bin	lata de lixo reciclável
conservation	conservação (ambiental)	recycling plant	usina de reciclagem
container	recipiente		
dumping	jogar lixo	separate *(verbo)*	separar
empty	vazio(a)	separate *(adj.)*	separado(a), distinto
environment	meio ambiente	throw away	jogar fora
environmental	ambiental	trash	lixo
fine	multa	trash can	lata de lixo
green	verde	trunk	*aqui:* porta-malas
hear	*aqui:* ouvir falar	tree	árvore
large	grande	violator	infrator

Reciclagem

Nos Estados Unidos, pratica-se a reciclagem há muito tempo, mas alguns estados da federação têm normas mais rígidas que outros. Em vários deles, as pessoas devem separar o lixo em casa, depositando cada categoria em um recipiente distinto: plástico, vidro, metal e papel. Em outros, a separação se dá nos centros de coleta de lixo. Essa cultura de reciclagem deu origem aos brechós, nos quais as pessoas podem vender artigos de que não mais precisam, como roupas, móveis e eletrodomésticos, para que outras pessoas possam comprá-los a preços baixos. Outra prática muito comum é a das **garage sales**, ou "vendas de garagem": as famílias transformam o quintal ou a entrada da casa em um bazar e se desfazem de todas as coisas que já não têm mais utilidade. É possível encontrar artigos incríveis!

LIÇÃO 21

Car trouble

Marielle: I was in Washington, DC yesterday.
Lucia: Oh, how was it?
Marielle: I had a great time, but the weather wasn't so good.
Lucia: We were in the country – it was nice and sunny.
José Luis: Yes, we had a picnic with Mr. and Mrs. Young. We were home very late.
Marielle: Why was it so late?
José Luis: We were on our way home in the car and suddenly there wasn't any gas left in the tank.
Lucia: So we were stuck in the middle of the countryside. And it was quite dark.
Marielle: Were you scared?
José Luis: Of course we weren't!
Lucia: Mr. Young was very upset because it was his fault. And he had a long walk to the gas station!

Lição 21 — Diálogo

> *José Luis:* There wasn't anything to drink in the car.
> *Lucia:* Oh, but there was still something to eat.
> *José Luis:* Just a few cookies and a bit of cheese.
> *Lucia:* Well, I was very full after the huge picnic. Anyway, we had lots of fun – and an excellent English lesson.
> *José Luis:* Yes, Mrs. Young was a brilliant storyteller. Her ghost stories were very exciting.
> *Lucia:* And scary!
> *Marielle:* So you were scared!
> *Lucia:* Well, just a little bit.

Problemas com o carro

Marielle: Ontem estive em Washington, DC.
Lucia: Ah, e como foi?
Marielle: Eu me diverti bastante, mas o tempo não estava muito bom.
Lucia: Nós estivemos no campo – fazia um dia bonito e ensolarado.
José Luis: Sim, fizemos um piquenique com o sr. e a sra. Young. Chegamos em casa muito tarde.
Marielle: Por que tão tarde?
José Luis: Estávamos voltando de carro e de repente não havia mais gasolina no tanque.
Lucia: E ficamos parados no meio da zona rural. Estava bem escuro.
Marielle: Tiveram medo?
José Luis: Claro que não!
Lucia: O sr. Young ficou muito irritado porque a culpa foi dele. E ele teve de andar muito até o posto de gasolina!
José Luis: Não havia nada para beber no carro.
Lucia: Ah, mas ainda havia alguma coisa para comer.
José Luis: Só uns biscoitos e um pouco de queijo.
Lucia: Bem, eu estava bem cheia depois do farto piquenique. De qualquer maneira, nos divertimos muito – e tivemos uma aula de inglês excelente.
José Luis: Sim, a sra. Young é uma esplêndida contadora de histórias. Suas histórias de terror foram muito emocionantes.

Diálogo, gramática — Lição 21

Lucia: E assustadoras!
Marielle: Então vocês tiveram medo!
Lucia: Bem, só um pouquinho.

O Simple Past – to be, to have

O Simple Past geralmente equivale, em portugês, aos pretéritos perfeito e imperfeito. No caso do verbo **to be** temos duas formas, **was** e **were**:

I **was**	eu fui/estive/era/estava
you **were**	tu foste/estiveste/eras/estavas, você foi/esteve/era/estava
he/she/it **was**	ele/ela foi/esteve/era/estava
we **were**	nós fomos/estivemos/éramos/estávamos
you **were**	vocês foram/estiveram/eram/estavam
they **were**	eles/elas foram/estiveram/eram/estavam

No caso de **to have**, é ainda mais fácil:

I **had**	eu tive/tinha
you **had**	tu tiveste/tinhas, você teve/tinha
he/she/it **had**	ele/ela teve/tinha
we **had**	nós tivemos/tínhamos
you **had**	vocês tiveram/tinham
they **had**	eles/elas tiveram/tinham

O uso do Simple Past

■ O Simple Past é usado para se referir a **ações** que aconteceram **no passado** e que **já terminaram**. Em geral, essa forma aparece acompanhada de um complemento de tempo.

We had a picnic this weekend. — Fizemos um piquenique no fim de semana.

Se, pelo contexto, fica **claro quando** aconteceu o fato, então **não é necessário** acrescentar o **complemento de tempo**:

We had a good time. — Divertimo-nos muito.

Lição 21 — Gramática, exercícios

O Simple Past – a negativa

A forma negativa é constituída do verbo mais **not** ou abreviação **-n't**:

I **wasn't**	eu não fui/não estive etc.
you **weren't**	tu não foste/não estiveste, você não foi/não esteve etc.
he/she/it **wasn't**	ele/ela não foi/não esteve etc.
we **weren't**	nós não fomos/não estivemos etc.
you **weren't**	vocês não foram/não estiveram etc.
they **weren't**	eles/elas não foram/não estiveram etc.

O Simple Past – a interrogativa

Was I?	Fui/Estive?
Were you?	Foste/Estiveste?, Foi/Esteve (você)?
Was he/she/it?	Foi/Esteve (ele, ela)?
Were we?	Fomos/Estivemos?
Were you?	Fostes/Estivestes?, Foram/Estiveram (vocês)?
were they?	Foram/Estiveram?

Exercício 1

Complete o diálogo com: *was, wasn't, were* ou *weren't*.

A: Where .... you yesterday?

B: We .... in the country with Mr. and Mrs. Young.

A: .... the weather bad?

B: No, it ....
It .... lovely and sunny.

A: .... Lucia with you?

B: Yes, she .... We had an exciting day.

A: An exciting day?
Why .... that?

Exercícios, gramática Lição 21

B: We .... stuck in the middle of the countryside and there .... any gas in the tank and it .... dark.

A: .... you scared?

B: No, we .... The Youngs .... quite upset, but it .... really their fault. And we had some fun.

A: Well, that certainly .... fun! We .... stuck on a bus on the road coming back from Washington, DC for hours!

something – anything

O uso de **something** e **anything** corresponde ao de **some** e **any** (veja a Lição 9).

a few – a little (bit)

Estas expressões são utilizadas para indicar **quantidades pequenas**:

a few	alguns(umas), poucos(as), uns, umas
a few cookies	uns biscoitos
only a few people	só algumas pessoas

A few é usado no **plural**. Também pode aparecer sem o substantivo:

Were there many people?	Havia muitas pessoas?
*– There **were a few**.*	– Havia algumas.

Lição 21 — Gramática, exercícios

a little	um pouco, um pouquinho
a little cheese	um pouco de queijo

A little é usado no **singular**. Muitas vezes também se usa a expressão ***a little bit (of)***:

a little bit of cheese	um pouquinho de queijo

Se essa expressão não é seguida de um substantivo, então se omite o *of*:

a little bit	um pouquinho

Tanto *a little bit* como *a bit* podem se referir também a adjetivos:

*She was **a (little) bit** scared.*	Ela estava um pouco assustada.

Exercício 2

***A few* ou *a little*?**

A: Would you like some cheese?

B: Just ...., please.

A: I'm sorry, but there are only .... cookies left.

B: That's okay. Could I have .... bit of fruit?

A: There are only .... grapes and an apple.

B: Oh, I'll have some of the apple – just .... bit.

Exercício 3

Ser ou não ser. **Como se diz em inglês? Utilize os verbos *have* ou *be*.**

1. Estiveram no campo. Fizeram um piquenique.

....

....

2. O tempo não estava tão bom.

....

....

Exercícios, vocabulário — Lição 21

3. Tive medo.

....
....

4. Mas nos divertimos muito.

....
....

5. Ela não teve culpa.

....
....

6. Tivemos de andar bastante até o posto de gasolina.

....
....

7. Estavam com fome e cansados.

....
....

8. Tive sorte.

....
....

---

a few	alguns(umas), poucos(as), uns, umas	**drink**	beber
		excellent	excelente
		exciting	emocionante
a little (bit)	um pouco, um pouquinho	**full**	cheio(a), saciado(a)
brilliant	esplêndido	**gas station**	posto de gasolina
cheese	queijo		
cookie	biscoito	**ghost story**	história de terror
dark	escuro(a)		

Vocabulário

Lição 21 — Vocabulário, aspectos interculturais

great *em:*		**scary**	assustador(a)
have a great time	divertir-se muito	**storyteller**	contador(a) de histórias
huge	enorme; *aqui*: farto	**stuck** *em:* **be stuck**	ficar parado(a)
left *em:* **there wasn't any... left**	não há mais..., acabou o (a)...	**suddenly**	de repente
		sunny	ensolarado(a)
lesson	aula, lição	**tank**	tanque (de gasolina)
middle	meio, metade		
way *em:* **on our way home**	na volta	**trouble**	problemas
		upset	irritado(a)
		walk	andar; caminhada
quite	bem (bastante)		
scared *em:* **be scared**	ter medo, estar assustado(a)	**yesterday**	ontem

Carros

Em 1995, depois de décadas debatendo os efeitos nocivos do chumbo para a saúde e o meio ambiente, os Estados Unidos proibiram o uso de combustível aditivado com chumbo em veículos de passeio e carga. Os nomes variam de acordo com a marca, mas estes são os tipos de combustível mais comuns:

regular (gasolina com octanagem de 85 a 88)
midgrade (gasolina com octanagem de 88 a 90)
premium (gasolina com octanagem superior a 90)
diesel (óleo diesel)

Para quem viaja pelas estradas norte-americanas, é um alívio saber que a maioria dos postos de gasolina conta com lojas de conveniência ou minimercados, onde se pode comprar não só bebidas e lanches, como também qualquer artigo de uso pessoal que se faça necessário, como fraldas, barbeador, pasta de dentes, analgésicos etc.

LIÇÃO 22

A telephone call

José Luis:	You won't believe this. I wanted to call home today, but I had a terrible time.
Akio:	Didn't you have your phone card?
José Luis:	Yes, I did. But I had no minutes left. So, I walked to the nearest post office, but there wasn't a pay phone.
Lucia:	Then, he tried to use the phone booth outside the school, but it was out of order.
Akio:	Did you look for another phone, José Luis?
José Luis:	Yes, I did. And I finally found one. But there was more trouble…
Lucia:	When José Luis tried to dial the number, he realized he didn't have enough coins to call Mexico.
Akio:	So, what did you do, José Luis?
José Luis:	I asked somebody for change, but she didn't have any. And there wasn't anybody else around I could ask. Nobody!
Akio:	Then Lucia suddenly showed up.
Lucia:	That's right. And I had my cell phone on me…
José Luis:	Yes, but the battery was almost empty. Luckily, she also had a phone card, so I could finally call my mother.
Lucia:	Yeah, right! And then he chatted for over an hour. He used up all the minutes!
José Luis:	I'm sorry, Lucia. I promise, I'll get you a new phone card…

Lição 22 — Diálogo

Um telefonema

José Luis: Você não vai acreditar. Hoje eu queria telefonar para casa, mas foi terrível.
Akio: Você não tinha o seu cartão telefônico?
José Luis: Sim, mas os minutos haviam acabado. Então caminhei até a agência de correios mais próxima, mas lá não havia telefone público.
Lucia: Então ele tentou usar a cabine telefônica diante da escola, mas estava quebrada.
Akio: Você procurou outro telefone, José Luis?
José Luis: Sim. E finalmente encontrei um. Mas houve mais problemas…
Lucia: Quando José Luis tentou digitar o número, ele se deu conta de que não tinha moedas suficientes para telefonar para o México.
Akio: Então o que foi que você fez, José Luis?
José Luis: Pedi trocado a alguém, mas a pessoa não tinha nada, e não havia mais ninguém por perto a quem eu pudesse pedir. Ninguém!
Akio: Então a Lucia apareceu de repente.
Lucia: Exato. E eu estava com o meu celular…
José Luis: Sim, mas a bateria estava quase descarregada. Por sorte, a Lucia também tinha um cartão telefônico. Finalmente consegui ligar para a minha mãe.
Lucia: Isso mesmo! E então ele tagarelou por mais de uma hora. Usou todos os minutos!
José Luis: Sinto muito, Lucia. Prometo que vou lhe dar um cartão novo…

O Simple Past – verbos regulares

O Simple Past dos **verbos regulares** é formado acrescentando-se a terminação **-ed** ao infinitivo:

want	want**ed**	querer
walk	walk**ed**	caminhar
need	need**ed**	precisar
turn	turn**ed**	virar

Os verbos que terminam em **-y antecedido de consoante** levam o sufixo **-ied**:

try	tr**ied**	tentar
worry	worr**ied**	preocupar-se

Se o verbo termina em **-e mudo**, este desaparece:
believ**e**   believ**ed**   crer
us**e**   us**ed**   usar

E se termina em **consoante precedida de vogal tônica**, esta se **duplica**:
cha**t**   cha**tted**   conversar, tagarelar
sto**p**   sto**pped**   parar

No diálogo desta lição, tal como no da lição anterior, o Simple Past é usado para indicar **ações ou fatos** que aconteceram **no passado** e que **já terminaram**.

Números de telefone

Nos Estados Unidos, os números de telefone têm dez dígitos, se contarmos os três números que formam o código de área. Esse código deve ser digitado, antecedido de "1", para fazer chamadas para fora da área local. Os números de telefone são lidos da seguinte maneira:
609-555-7204
six, zero, nine – five, five, five – seven, two, zero, four

Com freqüência, usa-se **oh** em vez de **zero**.
Normalmente, os números são pronunciados um a um, exceto em casos como estes:
908-555-1300
nine, oh, eight — five, five, five – **thirteen hundred**
203-555-4000
two, oh, three — five, five, five – **four thousand**
800-555-9010
eight hundred *– five, five, five – nine, zero, one, zero*
Os números que começam por *1-800, 1-888, 1-877, 1-866* e *1-855* são linhas gratuitas (**toll-free numbers**).

Lição 22 — Exercícios

Exercício 1

Organize as palavras e construa frases com sentido.
A primeira palavra da frase tem inicial maiúscula.

1. to/walked/call/He/phone booth/nearest/the/to/home

   ....
   ....

2. order/phone/The/out/was/of

   ....
   ....

3. coins/to/Mexico/have/call/enough/I

   ....
   ....

4. asked/he/someone/change/some/for/So

   ....
   ....

5. back/walked/Then/he/to/phone booth/first/the

   ....
   ....

6. number/dialed/He/the/but/anybody/wasn't/there/home/at

   ....
   ....

Gramática, exercícios — Lição 22

O Simple Past – a interrogativa – respostas sintéticas

A forma interrogativa do Simple Past é construída com **did**, o pretérito do verbo auxiliar **do**:

Did you look for another phone booth**?** Você procurou outra cabine telefônica?
Did he have a phone card**?** Ele tinha um cartão telefônico?

A resposta sintética é construída com a repetição de **did**:
- No, I **didn't.**
- Yes, he **did.**

Exercício 2

O rapaz do Exercício 1 estava com pouca sorte. Você conhece a história dele. **Responda as perguntas com:** *Yes, he did./No, he didn't.*

1. Did he call from home?

....

2. Did he try to call home?

....

3. Did he drive to the phone booth?

....

4. Did he need any change?

....

5. Did he talk to his family?

....

somebody – anybody

Somebody e **anybody** se comportam da mesma maneira que **some**, **any** e todas as palavras deles derivadas:
Somebody aparece em frases afirmativas e em perguntas para as quais se espera obter uma resposta afirmativa:

I wanted to ask somebody for some change. Eu queria pedir trocado a alguém.

Lição 22 — Gramática, exercícios

Did somebody help you?   Alguém ajudou você?

Anybody aparece em frases negativas e em perguntas cuja resposta é incerta:

There wasn't anybody   Não havia ninguém na rua.
in the street.
Did anybody help you?   Ninguém ajudou você?

Em vez de **somebody/anybody**, também se pode utilizar **someone/anyone**.

Exercício 3

Somebody ou **anybody**?

1. We tried to find .... to help us.
2. There wasn't .... in the phone booth.
3. I'll ask .... for some change.
4. I didn't believe ....
5. People are very kind. .... will lend you the money.
6. We didn't want to ask ....

O verbo try to

Na Lição 8, já vimos a construção **want to**.

Em inglês, existem verbos que se ligam a outros com a ajuda da preposição **to**:

I **tried to use** the phone booth   Tentei usar a cabine
outside the school.   telefônica diante da escola.

A esse grupo pertencem também os seguintes verbos:

forget   esquecer
remember   lembrar, recordar
promise   prometer

Gramática, exercícios, vocabulário — Lição 22

nearest – next

Estas duas palavras significam "perto", "próximo(a)", porém são utilizadas de maneira diferentes.

nearest — **o(a) mais próximo(a)**
He walked to the **nearest** post office. — Ele caminhou até a agência de correios mais próxima.

next — **próximo(a), seguinte (também em sentido temporal)**
I walked to the **next** phone booth. — Caminhei até a próxima cabine telefônica.

Relacione as frases. *(Exercício 4)*

1. I must make a phone call.
2. This phone booth is out of order. I can't use it.
3. I want to buy a newspaper.
4. This shop isn't open.

a Where's the next shop?
b Where's the next phone booth?
c Where's the nearest phone booth?
d Where's the nearest newsstand?

1. ….. **2.** ….. **3.** ….. **4.** …..

Vocabulário

another	outro(a)	**else** *em:*	
battery	bateria, pilha	**there wasn't**	não havia mais
cell phone	telefone celular	**anybody else**	ninguém
		finally	finalmente
change	troco, trocado	**look for**	procurar
chat	tagarelar, conversar	**nearest**	mais próximo(a)
coin	moeda	**newsstand**	banca de jornais
dial	digitar, discar	**nobody**	ninguém

ONE HUNDRED AND NINETY-THREE

Lição 22 — Vocabulário, aspectos interculturais

number	*aqui:* número de telefone	**promise**	prometer
out of order	quebrado	**realize**	dar-se conta (de)
outside	*aqui:* diante (de)	**show up**	aparecer
over *em:*		**street**	rua
over an hour	mais de uma hora	**talk**	falar, conversar
phone booth	cabine telefônica	**telephone call**	telefonema
		terrible	terrível
phonecard	cartão telefônico	**try**	tentar
		use up	usar, gastar
post office	agência dos correios		

Fazer uma ligação

Os cartões telefônicos pré-pagos tornaram-se muito populares nos Estados Unidos nos últimos anos. São fáceis de adquirir: podem ser comprados em praticamente qualquer mercadinho (**grocery store**), farmácia (**pharmacy**), supermercado (**supermarket**) ou loja de conveniência (**convenience store**).

Os telefones celulares também estão totalmente disseminados. Hoje em dia, é muito raro encontrar alguém que não tenha um. E, ao contrário do que acontece em muitos países latino-americanos, são oferecidos planos tão fáceis e econômicos, que não é difícil as pessoas emprestarem seus celulares.

LIÇÃO 23

Brave students

Mr. Young: Listen to this:

Students save elderly woman from fire

Three young students from the Excel Language School saved a woman from a fire at 13 Derwent Road on Wednesday afternoon.
The students heard a cry for help and saw flames on the ground floor of the Victorian house. They ran to the house, broke a window and helped Mrs. Ethel Ward, 75.
Mrs. Ward later said that she was in the kitchen when the frying pan caught fire. The flames quickly got out of control and spread to the hall and living room.
Mrs. Ward was unhurt, but the fire caused severe damage to her home.

                Did you know about this, you three?
Lucia: Well, we didn't want to say anything, but actually, that was us.
Mr. Young: What? And you didn't tell us about it?

ONE HUNDRED AND NINETY-FIVE **195**

Lição 23 — Diálogo

Lucia:	We just didn't want our names in the paper.
Mr. Young:	How did you break the window?
José Luis:	With a big stone.
Mr. Young:	But why didn't the lady open the window?
José Luis:	She was too shocked.
Lucia:	But not too shocked to thank us afterwards.
Mr. Young:	Well, we must celebrate this. How about a day out downtown?
José Luis:	Yes!
Lucia:	Brilliant idea!

Estudantes corajosos

Sr. Young: Ouçam isto:

Estudantes salvam idosa de incêndio

Quarta-feira à tarde, três jovens estudantes da Escola de Idiomas Excel salvaram uma mulher de um incêndio na rua Derwent, 13. Os estudantes ouviram um grito de socorro e viram as chamas no andar térreo da casa vitoriana. Correram em direção à casa, quebraram uma janela e ajudaram a sra. Ethel Ward, de 75 anos. A sra. Ward disse mais tarde que estava na cozinha quando a frigideira pegou fogo. As chamas rapidamente fugiram ao controle e se espalharam pelo hall e pela sala de estar. A sra. Ward não se feriu, mas o fogo causou sérios danos à casa.

	Vocês três sabiam disso?
Lucia:	Bem, nós não queríamos dizer nada, mas, na verdade, fomos nós.
Sr. Young:	O quê? E não nos contaram?
Lucia:	Simplesmente não queríamos nossos nomes no jornal.
Sr. Young:	E como quebraram a janela?
José Luis:	Com uma pedra grande.
Sr. Young:	Mas por que a senhora não abriu a janela?
José Luis:	Estava muito assustada.

Diálogo, exercícios, gramática Lição 23

Lucia: Mas não o suficiente para não nos agradecer depois.
Sr. Young: Bem, temos de comemorar. O que vocês acham de um passeio pelo centro?
José Luis: Sim!
Lucia: É uma idéia esplêndida!

Sublinhe a expressão correta.

1. Students *of/from* the Excel Language School heard a cry *of/for* help.

2. The students were very *brave/good*. They saved a woman *from/of* a fire.

3. The fire was *at/on* 13 Derwent Road *at/on* Wednesday afternoon.

4. They *broke/broke in* a window and helped the lady *quick/quickly*.

Exercício 1

O Simple Past – verbos irregulares

É preciso decorar o pretérito dos verbos irregulares (veja a lista no final do livro, no apêndice, páginas 265–266). Entretanto, vejamos alguns exemplos:

hear	*heard*	ouvir, escutar
see	*saw*	ver
run	*ran*	correr
say	*said*	dizer

Em alguns verbos, a forma pretérita não varia:

spread	*spread*	espalhar
let	*let*	deixar
hurt	*hurt*	ferir, machucar, magoar

ONE HUNDRED AND NINETY-SEVEN

Lição 23 — Exercícios, gramática

Exercício 2

Observe os seguintes verbos regulares e irregulares. **Monte duas listas com as formas pretéritas: uma para os regulares, outra para os irregulares.**

ask, break, catch, cause, get, hear, hurt, let, like, live, love, help, knock, run, save, say, see, spread, tell, turn, walk, want.

Regulares	*Irregulares*
asked	broke
....	....
....	....
....	....
....	....
....	....
....	....
....	....
....	....
....	....
....	....

O Simple Past – a negativa

A negativa do Simple Past é construída com a ajuda do verbo auxiliar **didn't**:

didn't + infinitivo do verbo principal

| We **didn't want** to say anything. | Não queríamos dizer nada. |
| You **didn't tell** us about it. | Vocês não nos contaram a respeito disso. |

Gramática, exercícios — Lição 23

O Simple Past e as partículas interrogativas

Como vimos na Lição 8, a partícula interrogativa aparece em primeiro lugar:

how/why etc. + **did/didn't** + **infinitivo do verbo principal**

How did you **break** the window?	Como vocês quebraram a janela?
Why didn't she **open** the window?	Por que ela não abriu a janela?
When did he **buy** that?	Quando ele comprou aquilo?

Exercício 3

Formule as perguntas.

1. What ....?
   They heard a cry for help.

2. Where ....
   to?
   They ran to the house.

3. What ....?
   They saw flames in the house.

4. How ....?
   They broke the window with a stone.

5. Where ....?
   The flames spread to the hall and the living room.

Exercício 4

Um policial faz algumas perguntas à sra. Ward. **Escreva-as.**

1. How/the/frying pan/catch fire?
   ....
   ....

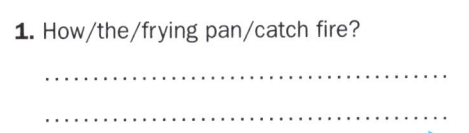

ONE HUNDRED AND NINETY-NINE **199**

Lição 23 — Exercícios, gramática

2. What/you/try/to do/at first?

....

....

3. Why/you/not open/the window?

....

....

4. Why/you/not call/the police?

....

....

5. How much damage/the fire/cause?

....

....

6. What/you/say/to the students?

....

....

Os verbos to tell – to say

■ Os dois verbos significam "dizer" (**tell** também significa "contar"), mas são usados de maneiras diferentes:
tell exige um objeto direto, na maioria dos casos uma pessoa ou um pronome pessoal:

Tell us about the museum.   Conte-nos sobre o museu.
I'll tell you when to look.   Direi quando olhar.
You didn't tell the Youngs.   Você não contou/
                                  disse para os Young.

▶

Say costuma ser **seguido** de ***that*** ("que"):
She said that she was tired.   Ela disse que estava cansada.

That também pode ser **omitido**:
She said she was tired.

Pessoas ou pronomes pessoais só podem aparecer logo depois do verbo ***say*** se usarmos a preposição ***to*** para uni-los:

I said to him (that)   Disse-lhe que tinha fome.
I was hungry.

Neste exemplo também se poderia utilizar o verbo ***tell*** (sem a preposição ***to***):
I told him I was hungry.

Risque a palavra inadequada ou que pode ser omitida.

1. She told to the police that she was unhurt.

2. The paper said that there was severe damage.

3. Tell to them to get out quickly.

4. Did you tell the students that you were too shocked?

Exercício 5

afterwards	depois, mais tarde	**cry for help**	grito de socorro
at first	primeiro, a princípio	**damage**	danos
		elderly	idoso(a)
brave	corajoso(a)	**fire**	fogo,
break	quebrar		*aqui:* incêndio
catch	pegar, agarrar, tomar	**flame**	chama
		frying pan	frigideira
catch fire	pegar fogo	**get out of control**	*aqui:* fugir ao controle
cause	causar		
celebrate	comemorar	**ground floor**	andar térreo

Vocabulário

Lição 23 — Vocabulário, aspectos interculturais

hurt	ferir, machucar, magoar	**spread**	espalhar
		stone	pedra
listen to	escutar	**thank**	agradecer
quickly *(adv.)*	rapidamente	**someone**	alguém
run	correr	**unhurt**	sem se ferir, ileso(a)
save	salvar		
severe	severo(a), grave	**Victorian**	vitoriano(a)
		window	janela
shocked	assustado(a), em estado de choque		

Em caso de emergência

Em caso de emergência, o número **911** pode ser de grande utilidade nos Estados Unidos. Esse número coloca você em contato com a polícia (***police***), a ambulância (***ambulance***) e o resgate dos bombeiros (***fire rescue***).

Casas vitorianas

O fogo se espalhou, segundo a matéria, em uma ***Victorian house***. Essas casas foram construídas durante o reinado da rainha Vitória (1837–1901) e se caracterizam pela chamativa decoração de suas fachadas. A arquitetura vitoriana também tinha elementos góticos.

Muitas mansões vitorianas norte-americanas foram restauradas e convertidas em hotéis chamados ***bed and breakfast***, que podem ser encontrados em todo o país. Se gostar da idéia de morar em uma dessas mansões, pelo menos por uns dias, procure na internet a frase ***Victorian house bed and breakfast***, junto com o nome da região ou cidade que vai visitar, e é quase certo que encontrará uma boa variedade de opções.

Fully booked

LIÇÃO 24

Man:	Hello, New York City Opera box office.
Mr. Young:	Hello, I'd like to reserve five tickets in the balcony for *Madame Butterfly*, please.
Man:	Which day, sir?
Mr. Young:	Next Friday.
Man:	I'm afraid we're sold out until the 29th of May.
Mr. Young:	Oh, dear. Well, thank you anyway. Bye.
Mrs. Young:	Ah, here he is. Did you remember to buy the tickets for the show?
Mr. Young:	They are completely sold out until the end of May.
Lucia:	Oh, what a shame. I really wanted to go.
José Luis:	To see famous people, right?
Lucia:	No, I really like the opera. But I don't mind if I meet some cute actors there, too!
Mrs. Young:	Do you remember seeing Bruce Willis there a few years ago?
Mr. Young:	How could I forget? He was with Demi Moore!
José Luis:	Really? What was she like?
Mr. Young:	Pretty and very elegant. Gorgeous!
Mrs. Young:	Yes, we had seats several rows behind them. You stood up to see her better, and I had to pull you down to your seat when the show began!
Lucia:	And what about Bruce Willis? Is he really cute?
Mrs. Young:	Oh, yes. He's brawny and handsome.
José Luis:	Which opera did you see?
Mr. Young:	I'm afraid I don't remember…
Mrs. Young:	I don't either. Bruce and Demi were more interesting than the opera!

Lotação esgotada

Homem: Alô, bilheteria da New York City Opera.
Sr. Young: Alô, gostaria de reservar cinco ingressos na galeria para *Madame Butterfly*, por favor.
Homem: Para que dia, senhor?
Sr. Young: Para a próxima sexta-feira.
Homem: Sinto muito, mas a lotação está esgotada até o dia 29 de maio.
Sr. Young: Ai, meu Deus. Bem, obrigado de qualquer maneira. Até logo.
Sra. Young: Ah, aí está ele. Lembrou-se de reservar os ingressos para o espetáculo?
Sr. Young: Estão esgotados até fins de maio.
Lucia: Ah, que pena. Eu realmente queria ir.
José Luis: Para ver gente famosa, não é?
Lucia: Não, gosto realmente de ópera. Mas não me importo de encontrar atores bonitos por lá!
Sra. Young: Você se lembra de ter visto Bruce Willis lá há alguns anos?
Sr. Young: Como poderia me esquecer? Ele estava com Demi Moore!
José Luis: Sério? Como ela era?
Sr. Young: Bonita e muito elegante. Deslumbrante!
Sra. Young: Sim, nossos assentos ficavam algumas fileiras atrás deles. Você se levantou para vê-la melhor, e eu tive de puxar você de volta para a cadeira quando o espetáculo começou!
Lucia: E que tal o Bruce Willis? Ele é mesmo bonitinho?
Sra. Young: Ah, sim. Ele é musculoso e bonitão.
José Luis: A qual ópera vocês assistiram?
Sr. Young: Acho que não me lembro...
Sra. Young: Nem eu. Bruce e Demi eram mais interessantes que a ópera!

Exercícios, gramática — Lição 24

Ordene as palavras e forme frases com sentido.

A: tomorrow/please/for/tickets/I'd/two/evening/like

....

B: sir/seats/which ?

....

A: orchestra/in/the/or/balcony/the/in

....

B: the/left/no/I'm/seats/there/orchestra/in/afraid/are

....

A: please/then/seats/two/balcony

....

B: $180/'ll/that/be

....

A: do/cards/take/credit/you ?

....

B: course/sir/of/me/give/just/number/the *(duas frases)*

....

Os verbos to remember – to forget

O significado dos verbos **remember** e **forget** varia segundo o verbo que os acompanha:

■ **remember to**   **lembrar-se de, não se esquecer de**
Did you remember   Você se lembrou de reservar os
to reserve the tickets?   ingressos?
Will he remember to   Ele se lembrará de telefonar?
call?

Remember + to pode aparecer em **qualquer tempo** verbal.

Lição 24 — Gramática, exercícios

■ **remember ...-ing** — **lembrar-se de ter feito/vivido algo**

I remember watching a famous actor. — Lembro-me de ter visto um ator famoso.

Remember + ...-ing se refere só ao passado.

O caso do verbo **forget** é muito parecido:

■ **forget to** — **esquecer-se de**

I forgot to reserve the tickets. — Esqueci-me de reservar as entradas.

Forget + to pode aparecer em **qualquer tempo** verbal.

■ **forget ...-ing** — **esquecer(-se) de**

I'll never forget seeing Demi Moore. — Nunca me esquecerei de ter visto Demi Moore.

Forget + ...-ing aparece, na **maioria** dos casos, com **not** ou **never**, e se refere **só** ao **passado**.

Exercício 2

Remember e *forget*. Lembra-se das regras? **Tente relacionar as frases.**

1. I'll reserve the seats tomorrow.
2. He saw her when he walked into the room.
3. We still have dad's ticket for the opera.
4. I met Robin Williams at the theater.
5. He promised to help me with it.
6. I can't find my keys.

a We must remember to give it to him.
b I remember putting them on the kitchen table.
c I mustn't forget to call the theater.
d He'll never forget seeing her in that elegant dress.
e I'll always remember speaking to him.
f Then he forgot to come.

Exercícios, gramática Lição 24

1. ..... **2.** ..... **3.** .....

4. ..... **5.** ..... **6.** .....

Exercício 3

Complete com *remember/forget ...-ing* ou *remember/forget to*.

1. Please remember .... (call) home.

2. I remember .... (see) my first opera. I was fifteen.

3. Don't forget .... (bring) me a glass of wine, too.

4. I'll never forget .... (see) everyone stand up when the President arrived.

5. They forgot .... (take) their theater tickets with them.

6. We'll always remember .... (listen to) those scary ghost stories.

O advérbio – ago

Ago refere-se ao tempo e traduz-se, em português, por "há"; é utilizado em expressões como:

five years ago	há cinco anos
a month ago	há um mês
two minutes ago	há dois minutos
some time ago	há algum tempo

Exercício 4

Considerando o complemento de tempo, passe os verbos para o Simple Past.

1. We .... (see) *Madame Butterfly* in New York a year ago.

2. She .... (live) in Paris when she was 16.

3. They .... (be) at that show two weeks ago.

Lição 24 — Exercícios, gramática

4. I .... (forget) to call home last night.

5. He .... (get up) an hour ago.

6. I .... (have) my dinner before the show.

7. They .... (catch) the bus early this morning.

8. I .... (reserve) the seats yesterday.

---

to stand up – to get up

As duas expressões significam **"levantar-se"**, mas cabe ressaltar uma diferença bastante importante:

No texto aparece:
You stood up to see her better.	Você se levantou/ficou em pé para vê-la melhor.

Na Lição 6 aparecia a seguinte informação sobre o casal Young:

They get up at seven.	Eles se levantam às sete.
get up	levantar-se (da cama)
stand up	levantar-se (de um assento)/ ficar em pé

Se não tiver certeza, utilize **get up**, que significa "levantar-se" em todos os contextos possíveis.

---

not... either

not/-n't... either	também não
I **can't** remember the opera **either.**	Eu **também não** consigo me lembrar da ópera.

Exercícios, vocabulário — Lição 24

Exercício 5

***Too* ou *either*?**

A: I remember seeing that western.

B: Yes, I saw it, ...

A: I didn't like it.

B: No, I didn't ....

A: I can't remember the story.

B: I can't .... I just remember it was terrible.

A: But I'd like to see Robert de Niro's new film.

B: I would, ...

A: Let's go and see it then.

Vocabulário

actor	ator	**handsome**	bonitão (para homens)
afraid *em:*			
I'm afraid	acho/temo/receio que	**mind** *em:*	
		I don't mind	não me importo
ago *em:*			
a few years ago	há alguns anos	**orchestra**	orquestra
balcony	balcão, galeria (de uma casa de espetáculos)	**pretty**	bonito(a)
		pull	puxar
		remember	lembrar-se de
box office	bilheteria	**reserve**	reservar
brawny	musculoso(a), forte	**row**	fileira
		seat	assento
bye	até logo, tchau	**several**	vários(as)
completely	completamente	**show**	espetáculo
		sir	senhor
cute	bonitinho(a)	**sold out**	*aqui:* ingressos esgotados
either *em:*			
not... either	também não		
end	fim, final	**stand up**	levantar-se, ficar em pé
famous	famoso(a)		
fully booked	lotação esgotada	**tall**	alto(a)
		until	até (tempo)
gorgeous	deslumbrante	**what a shame**	que pena

Vocabulário adicional

Descrição de pessoas

dark-haired	de cabelos escuros	pretty	bonito(a)
fair	de pele clara	slim	esguio(a)
fair-haired	loiro(a)	short	baixo(a)
plump	gorducho(a)	thin	magro(a)

Atividades culturais

Para muitas pessoas, uma das principais razões para visitar Nova York é assistir a vários espetáculos. Para os fãs de ópera e dos concertos de música clássica, o Lincoln Center tem as opções mais variadas.

Broadway é sinônimo de musicais, comédias e, às vezes, elaboradas produções teatrais. Pode ser difícil conseguir ingressos de última hora para os espetáculos da moda, por isso é recomendável antecipar as reservas.

Os teatros **off-Broadway** e **off-off-Broadway** estão espalhados por toda a cidade. Em geral, são menores e podem ser de primeira categoria ou coisa de aficionados. Em todo caso, os ingressos são sempre mais baratos e fáceis de conseguir.

Se você tem a intenção de ir à ópera ou ao teatro, vale a pena conhecer alguns termos:

orchestra	orquestra
rear orchestra	platéia, geral
mezzanine	mezanino
upper mezzanine	superior
balcony	balcão, galeria
box	camarote

LIÇÃO 25

A day in Washington, DC

Waiter:	Are you ready to order?
Mr. Young:	Yes. José Luis?
José Luis:	I'd like steak and fries, please.
Waiter:	How would you like your steak?
José Luis:	Um, well done, please.
Lucia:	And I'll have a large salad with Italian dressing.
Mrs. Young:	Is that all?
Lucia:	Yes, I'm trying hard to lose weight.
Mrs. Young:	Hm, perhaps I should have the vegetarian dish.
Mr. Young:	And I'll take the roast beef. I feel quite hungry after that long train ride from New York.
Waiter:	What would you like to drink?
Mr. Young:	Could I have a look at the wine list, please? We've got something special to celebrate.
Mrs. Young:	So, what do you want to do after lunch?
Lucia:	How about the White House?
José Luis:	Or the Lincoln Memorial?
Mr. Young:	Well, we can't do everything, so let's do a bus tour of the city first, and then we'll see.
Mrs. Young:	Okay. Some more coffee anybody? Nobody?
Mr. Young:	Let's pay, then. Could we have the check, please?
Lucia:	Excuse me, where's the ladies room?
Waiter:	Downstairs in the basement, Madam.
José Luis:	Where's Lucia?

> Mrs. Young: She's gone to the john.
> José Luis: Who's John? A friend of hers?
> Mrs. Young: No, that's just an expression. To go to the john means to go to the bathroom.
> José Luis: Oh, I see…

Um dia em Washington, DC

Garçom:	Querem pedir já?
Sr. Young:	Sim. José Luis?
José Luis:	Eu queria um filé com batatas fritas, por favor.
Garçom :	Como quer o seu filé?
José Luis:	Hmm..., bem passado, por favor.
Lucia:	E eu vou querer uma salada grande com molho italiano.
Sra. Young:	Só isso?
Lucia:	Sim, estou me esforçando para emagrecer.
Sra. Young:	Hmm..., talvez eu devesse pedir o prato vegetariano.
Sr. Young:	E eu vou ficar com o rosbife. Tenho tanta fome depois da longa viagem de trem desde Nova York.
Garçom:	O que querem para beber?
Sra. Young:	Eu poderia dar uma olhada na carta de vinhos, por favor? Temos algo especial para comemorar.
Sra. Young:	Então, o que vocês querem fazer depois do almoço?
Lucia:	Que tal a Casa Branca?
José Luis:	Ou o Monumento a Lincoln?
Sr. Young:	Bem, não se pode fazer tudo, então vamos fazer primeiro um passeio turístico de ônibus e depois veremos.
Sra. Young:	Certo. Alguém quer tomar mais café? Ninguém?
Sr. Young:	Então vamos pagar. Pode nos trazer a conta, por favor?
Lucia:	Com licença, onde é o banheiro feminino?

Diálogo, exercícios   Lição 25

Garçom: Descendo as escadas, no porão, senhora.
José Luis: Onde está a Lucia?
Sra. Young: Foi ao miguel.
José Luis: Quem é miguel? Algum amigo dela?
Sra. Young: Não, é só uma expressão. Ir ao miguel significa ir ao banheiro.
José Luis: Ah, entendi...

Gone ou been?

Exercício 1

1. She's back now. She's just .... to the bathroom.

2. I can't see him. I think he's .... downstairs.

3. They're not here. They've .... out for a meal.

4. You speak English very well. Of course – you've .... to the United States.

5. He's out. He's .... on a train ride.

6. I've never .... to the White House.

Advérbios irregulares

Na Lição 19 já vimos os **advérbios regulares**, formados com o acréscimo do sufixo **-ly**.

Mas também existem **advérbios irregulares**:
*I'd like my steak **well done**.*   Quero o filé bem passado.
O advérbio de **good** ("bom") é **well**.

Há advérbios que têm **a mesma forma que o adjetivo** correspondente:

*This is a **hard exercise**.*	É um exercício difícil.
***I'm trying hard** to lose weight.*	Estou me esforçando para emagrecer.

A seguir, temos um resumo dos advérbios mais importantes desse tipo (leve em consideração que o significado varia em alguns casos):

adjetivo		advérbio	
hard	duro, difícil	**hard**	muito esforço, duramente
high		**high**	alto, a grande altura
low		**low**	baixo
fast		**fast**	rapidamente
early		**early**	cedo
late		**late**	tarde
long	longo	**long**	(por) muito tempo
near		**near**	perto
far		**far**	longe

Mas isso não é tudo. A alguns desses advérbios pode ser acrescentado o sufixo **-ly**, dando origem a uma palavra com um novo significado:

hardly	mal, apenas
lately	ultimamente
nearly	quase
highly	altamente, muito

Exercícios — Lição 25

Sublinhe a palavra correta.

Exercício 2

1. He worked very *hard/hardly* and very *fast/fastly*.
2. They speak *hard/hardly* any English.
3. We lived *near/nearly* the White House.
4. Let's go. It's *near/nearly* 11 o'clock.
5. I arrived *late/lately*.
6. We haven't been to that restaurant *late/lately*.
7. I'm not going up there. It's too *high/highly*.
8. That is a *high/highly* interesting story.

Complete com a palavra adequada: *done*, *dressed*, *made* ou *read*.

Exercício 3

A: I've just finished 10 exercises!

B: Well ....

A: She knows all Shakespeare's plays.

B: She's very well ....

A: He's tall, dark and handsome.

B: Yes, and very well

......................., too.

A: What a lovely jacket!

B: Yes, it is. It's very well

....

Lição 25 — Gramática, exercícios

> **Pedidos em restaurantes**
> Para fazer pedidos nos restaurantes, considere as seguintes possibilidades:
>
> | | |
> |---|---|
> | **I'd like steak and fries, please.** | Eu queria filé com batatas fritas. |
> | **I'll have a large mixed salad.** | Eu vou querer uma salada mista grande. |
> | **I'll take the roast beef.** | Eu vou ficar com o rosbife. |
> | **The grilled salmon for me, please.** | Para mim, o salmão grelhado, por favor. |
>
> Os amantes da carne devem aprender as seguintes expressões:
>
> | | |
> |---|---|
> | **well done** | bem passado |
> | **medium** | ao ponto |
> | **medium rare** | mal passado |
> | **rare** | bem mal passado, quase cru |

Exercício 4

Relacione as frases. Antes de conferir a solução, tente formular você mesmo as frases.

Você quer...

1. um filé mal passado.
2. o cardápio e a carta de vinhos.
3. a conta.
4. saber onde ficam os banheiros.
5. saber onde se pode dar um telefonema.

a Excuse me, where can I find a telephone?
b Could I have the menu and the wine list, please?
c Excuse me, where are the restrooms, please?
d I'd like the steak – medium rare, please.
e Could I have the check, please?

1. ..... **2.** ..... **3.** .....
4. ..... **5.** .....

Gramática, exercícios — Lição 25

Os pronomes indefinidos

Além de **nothing** ("nada"), existem outros pronomes indefinidos:

nobody — ninguém
nowhere — em lugar nenhum

Eis um pequeno resumo das diversas variantes:

somebody	**anybody**	**nobody**
something	**anything**	**nothing**
somewhere	**anywhere**	**nowhere**

Quais palavras são as adequadas?
Todas terminam em **-body**, **-thing** ou **-where**.

Exercício 5

1. Some more wine, any................?
2. We can't do every................
3. No................ liked it. It was horrible.
4. It's expensive every................
5. Are you okay? Is any................ wrong?
6. I think it's some................ near here.
7. It's a good restaurant. There's no................ better to eat.
8. Let's do some................ interesting.
9. I'm sure some................ ordered the vegetarian dish.

Lição 25 — Gramática, vocabulário

Expressões com o verbo to look
Temos uma longa lista de expressões com o verbo **to look**.
Vejamos um pequeno resumo:

look	olhar
look after	cuidar de, tomar conta de
look at	olhar
look for	procurar
look forward to	estar ansioso por, não ver a hora
have a look at	dar uma olhada em
have a look around	dar uma olhada em volta

Vocabulário

all	tudo
anybody	qualquer um (pessoa)
basement	porão
bus tour	passeio turístico de ônibus
check	conta
dish	prato
downstairs	descendo as escadas, no andar de baixo
dressing	molho para salada
expression	expressão
feel	sentir-se
feel hungry	ter fome
fries	batatas fritas
go to the john	ir ao banheiro
grilled	grelhado, na grelha
hard	duro, difícil, com afinco, duramente
have a look at	dar uma olhada em
ladies room	banheiro feminino
large	grande
Lincoln Memorial	Monumento a Lincoln
mean	querer dizer, significar
medium rare	mal passado
mixed	misto(a)
nobody	ninguém
pay	pagar
perhaps	talvez
play	*aqui:* peça de teatro
restroom	sanitário
ride	*aqui:* viagem
roast beef	rosbife
salad	salada
salmon	salmão
special	especial
steak	filé
The White House	a Casa Branca
train	trem
vegetarian	vegetariano(a)
well done	bem passado
wine list	carta de vinhos

Aspectos interculturais — Lição 25

No restaurante

Em alguns restaurantes norte-americanos, há um cardápio para os pratos e outro para as bebidas. A **wine list** não traz apenas vinhos, como o nome parece indicar, mas todas as bebidas servidas pelo restaurante. Portanto, se não houver uma lista de bebidas no cardápio, você terá de pedir explicitamente pela **wine list**.

A gorjeta mínima é de 15% e não vem inclusa na conta. Havendo mais de seis pessoas à mesa, a gorjeta, que pode ultrapassar os 15%, costuma ser adicionada à conta e é provável que haja uma nota dizendo **service charge included** ("serviço incluso"). Também é importante saber que, na maioria dos restaurantes, você deverá esperar na entrada até um funcionário levá-lo para a mesa. Nos restaurantes mais concorridos, geralmente há uma lista de espera e é provável que se passe um bom tempo até você conseguir uma mesa. Se o lugar for muito concorrido ou houver muitos turistas na cidade, é recomendável antecipar a reserva.

As saladas costumam ser servidas primeiro, ou então acompanham o prato principal. No entanto, com a moda da alimentação saudável, é cada vez maior o número de restaurantes que oferecem saladas como prato principal; elas podem conter frango, peixe, mariscos, nozes ou algum tipo de queijo magro. Os cardápios, cada vez mais, também oferecem pratos **low fat** (baixo teor de gordura) e **low carbs** (baixo teor de carboidratos).

Sempre vão perguntar com que tipo de molho você deseja temperar a salada. Os mais comuns são: **Vinaigrette** (azeite e vinagre), **French** (à base de maionese e tomate ou pimentão), **Italian** (com azeite, vinagre e ervas), **Bleu Cheese** (com gorgonzola ou roquefort) e **Russian** (maionese com tomate, pepino em conserva, alcaparra e chili).

Teste 4

1 Decida-se por uma das duas soluções e pule para a casinha correspondente.

2 It's heavy. I ... help you.

'll ⇨ 8
'm going to ⇨ 15

6 Falso!

Volte para o número 8.

7 Falso!

Volte para o número 4.

11 Falso!

Volte para o número 29.

12 Muito bem, continue:
I'll never forget ... Al Pacino.
meeting ⇨ 16
to meet ⇨ 24

16 Bem, continue:
I must remember ... her.

to call ⇨ 22
calling ⇨ 18

17 Falso!

Volte para o número 22.

21 Falso!

Volte para o número 13.

22 Correto!
We didn't get any tickets ... .

too ⇨ 17
either ⇨ 19

26 Falso!

Volte para o número 30.

27 Bem, continue:
I'd like a ... wine, please.

few ⇨ 23
little ⇨ 12

Test 4

3 Falso!

Volte para o número 5.

4 Bem, continue:
She's a friend of ... .
his ⇨ 20
him ⇨ 7

5 Correto, continue:
There wasn't ... more to eat.
some ⇨ 3
any ⇨ 13

8 Correto, continue:
He won't ... another mistake.
do ⇨ 6
make ⇨ 25

9 Falso!

Volte para o número 25.

10 Falso!

Volte para o número 14.

13 Correto, continue:
It's ... over there.
anywhere ⇨ 21
somewhere ⇨ 29

14 Muito bem, continue:
You've done it ... .
good ⇨ 10
well ⇨ 30

15 Falso!

Volte para o número 2.

18 Falso!

Volte para o número 16.

19 Correto!

Fim do exercício.

20 Estupendo! Continue:
Which plates? The blue ... .
ones ⇨ 5
one ⇨ 28

23 Falso!

Volte para o número 27.

24 Falso!

Volte para o número 12.

25 Muito bem, continue:
She always drives ... .
carefully ⇨ 14
careful ⇨ 9

28 Falso!

Volte para o número 20.

29 Estupendo! Continue:
There were a ... things left.
little ⇨ 11
few ⇨ 27

30 Correto, continue:
It isn't mine. It's ... .
their ⇨ 26
theirs ⇨ 4

LIÇÃO 26

A bit of culture

José Luis, Akio, and Lucia decide to check out some museums in New York.

José Luis: How do we get to the Museum of Modern Art (MoMA)? By bus?

Mrs. Young: No, that's too slow. The subway is faster.

Lucia: We'll take the E train and get off at the 5th Avenue station. That's the easiest way.

Mrs. Young: Do you have a MetroCard?

Lucia: I have one.

José Luis: No, I don't.

Akio: Me neither.

Mrs. Young: You boys should get them from the vending machine, not the booth. It's quicker. There's often a long line at the booth. And the MoMA has the longest line in the city!

Lucia: OK. Let's go. We also want to go to the Metropolitan Museum of Art.

José Luis: I've been there before. The Met is also near 5th Avenue, right?

Lucia: Yes, but further up, on 82nd Street. Going there on foot would take too long, we'll take the subway. We'd better go now. See you.

Diálogo Lição 26

José Luis: This is the most wonderful art gallery I've been to.
Akio: Yes, but I think I've seen enough paintings for today, and we don't have much time left, anyway.
Lucia: What time is it?
José Luis: Twenty-five after five.
Lucia: We'd better go – we don't want to be late for dinner.
Look, there's a bus. Quick, let's get on it. You'll see some more sights, José Luis.
Akio: Yes, it goes past Rockefeller Center, St. Patrick's Cathedral, and the Empire State building.
Mrs. Young: Hi, guys! Did you have a good time?
Akio: We had a great time.
Lucia: I loved the French evening dresses! They were the best of all.
Mrs. Young: Evening dresses? I thought you went to the Metropolitan Museum of Art, not shopping.
José Luis: The dresses are in the Costume Institute, a special collection in the museum. They are not for sale.
Lucia: Unfortunately!

Um pouquinho de cultura

José Luis, Akio e Lucia decidem visitar alguns museus em Nova York.
José Luis: Como chegamos ao Museu de Arte Moderna (MoMA)? De ônibus?
Sra. Young: Não, é lento demais. O metrô é mais rápido.
Lucia: Vamos tomar a linha E e descer na estação da Quinta Avenida. É o caminho mais fácil.
Sra. Young: Vocês têm o MetroCard?
Lucia: Eu tenho um.
José Luis: Eu não.

Lição 26 — Diálogo, gramática

Akio: Nem eu.
Sra. Young: Meninos, vocês têm de comprar cartões na máquina, não na bilheteria. É mais rápido. Muitas vezes há uma longa fila. E o MoMA tem a fila mais comprida da cidade!
Lucia: Bom, vamos. Também queremos ir ao Museu Metropolitano de Arte (o Met).
José Luis: Eu já estive lá. O Met também fica perto da Quinta Avenida, não é?
Lucia: Sim, mas muito mais para cima, na Rua 82. Ir a pé levaria muito tempo. Vamos de metrô. É melhor irmos já. Até mais.
José Luis: Esta é a galeria de arte mais maravilhosa em que já estive.
Akio: Sim, mas acho que já vi quadros suficientes por hoje e, de qualquer maneira, não temos muito tempo.
Lucia: Que horas são?
José Luis: Cinco e vinte e cinco.
Lucia: É melhor irmos embora – não queremos nos atrasar para o jantar. Olhem, ali está um ônibus. Rápido, vamos pegá-lo. Você vai ver mais algumas atrações turísticas, José Luis.
Akio: Sim. Este ônibus passa pelo Rockefeller Center, a catedral de St. Patrick e o edifício Empire State.
Sra. Young: Oi, pessoal! Vocês se divertiram?
Akio: Nós nos divertimos muito.
Lucia: Adorei os vestidos de baile franceses! Eram o melhor de tudo.
Sra. Young: Vestidos de baile? Pensei que vocês tinham ido ao Museu Metropolitano de Arte, não às compras.
José Luis: As roupas estão no Instituto da Indumentária, uma coleção especial do museu. Não estão à venda.
Lucia: Infelizmente!

Meios de transporte

Fala-se:	**by bus**	de ônibus
	by subway	de metrô
mas:	**on foot**	a pé

Às vezes costuma-se utilizar simplesmente **we walked** para dizer que "fomos caminhando".

Gramática — Lição 26

O superlativo

O superlativo dos adjetivos monossilábicos regulares é formado pelo acréscimo do sufixo **-est**:

grau normal	comparativo	superlativo	
long	long**er**	long**est**	longo
cheap	cheap**er**	cheap**est**	barato

Valem as mesmas regras ortográficas do comparativo (veja a Lição 16):

| bi**g** | bi**gg**er | bi**gg**est | grande |

O superlativo dos adjetivos de duas sílabas terminados em **-y**, **-er**, **-et**, **-le** ou **-ow** é formado com o sufixo **-est**. Os adjetivos que terminam em **-y** formam o superlativo com o sufixo **-iest**:

| eas**y** | eas**ier** | eas**iest** | fácil |

No caso dos adjetivos de mais de duas sílabas, o comparativo se forma antepondo-se a palavra **more** e o superlativo se forma antepondo-se a palavra **most**:

| wonderful | **more** wonderful | **most** wonderful | maravilhoso |

Para terminar, eis os adjetivos irregulares que temos de aprender de cor:

good	**better**	**best**	bom
bad	**worse**	**worst**	mau
far	**farther**	**farthest**	longe
many	**more**	**most**	muitos
much	**more**	**most**	muito
little	**less**	**least**	pouco

Lição 26 — Exercícios

Exercício 1

Você quer ir de Nova York à Filadélfia e tem três possibilidades: de bicicleta, de carro ou de avião.
Quais as vantagens e desvantagens?

by bike
by car
by plane

1. It's quickest by ....
2. It's slowest by ....
3. It's shortest by ....
4. It's safest by ....
5. It's the longest trip by ....
6. The worst way in bad weather is by ....
7. The cheapest way is by ....
8. The best way for a family with small children and lots of bags is by ....

But the most interesting way for me is by ....

Exercício 2

Quais definições correspondem às palavras a seguir?

1. vending machine
2. subway
3. ride
4. paintings
5. unlimited
6. cathedral
7. station

1. ..... 2. .....
3. ..... 4. .....
5. ..... 6. .....
7. .....

a another word for a big church
b a train that goes underground
c another word for "trip"
d as many as you want
e you can buy tickets or snacks there
f where a bus or train stops
g what you see at art museums

Gramática, exercícios — Lição 26

had better

Lucia sugere que está na hora de sair e diz:

We'd better go. É melhor irmos.

-'d é, nesse caso, a forma abreviada de **had**.

Essa construção um tanto curiosa aparece com certa freqüência em inglês, por isso o melhor a fazer é memorizá-la.

Aqui estão mais dois exemplos:

I'd better tell him. É melhor contar para ele.
You'd better go. É melhor você ir.

Apresente sugestões com *I'd better/You'd better* etc.

Exercício 3

1. You're tired. (go/to/bed/early)

....

2. We're all very hungry. (have/something/eat)

....

3. It's too cold for her. (wear/warmer/clothes)

....

4. They need a MetroCard. (get/it/from/vending machine)

....

5. We don't have enough food. (do/shopping)

....

6. She doesn't want to be too late. (be/quick)

....

O uso do artigo definido *the* com localidades

Ao contrário do que ocorre em português, os nomes de ruas, praças, estações e outros logradouros em inglês não costumam levar o artigo definido *the*:

on 82nd street　　　　　**on 5th Avenue**
at Times Square　　　　**at St. Patrick's Cathedral**

Entretanto:
the Museum of Modern Art　　**the Twin Towers**

O mesmo acontece com os nomes de países:
in Turkey　　　　　na Turquia
in Switzerland　　　na Suíça

Mas, se o nome indicar plural:
in the Virgin Islands　　　nas Ilhas Virgens
in the United States　　　nos Estados Unidos

O verbo *to get*

O onipresente verbo *to get* aparece nesta lição com novos significados:

How do we get to the Museum of Modern Art?	Como chegamos ao Museu de Arte Moderna?
Get off at 5th Avenue.	Desçam na Quinta Avenida.
Let's get on this bus.	Vamos pegar este ônibus.
get to	ir, chegar
get on	pegar, tomar (veículo)
get off	descer, sair (de veículo)

E, por último, uma expressão muito prática: se, no ônibus ou no metrô, você for incomodado por alguém, o verbo *to get* será muito útil:
Get lost!　　　　Caia fora!, Suma!

Exercícios, vocabulário — Lição 26

Exercício 4

Preencha as lacunas com as palavras adequadas: *back*, *by*, *for*, *lost*, *off*, *old*, *on* (2x), *tired*, *to* (2x) ou *up.*

Kevin gets .... at 7.30 every morning. After breakfast he catches the 8.20 bus and gets .... work at 9.15. He gets .... the bus outside his house and gets .... at the nearest subway station. He stays on the subway for six stops, then walks .... the office. He could do the last half a mile .... bus, but he likes to go .... foot to keep fit. He gets half an hour .... lunch and he doesn't get .... home until 7 p.m. He gets .... quickly and thinks he's getting .... But he's only forty! When I tell him to do something more exciting, he tells me to get ....!

Vocabulário

also	também
be late	atrasar-se
best	(o) melhor
better *em:*	
we'd better...	é melhor nós...
booth	*aqui:* bilheteria (do metrô)
building	edifício
by *em:*	
by bus	de ônibus
by subway	de metrô
cathedral	catedral
collection	coleção
Costume Institute	Instituto da Indumentária
culture	cultura
evening dress	vestido de baile
fast/quick	rápido(a)
for sale	à venda
further	mais além
get off	descer, sair (de veículo)
get on	pegar, tomar (veículo)
get to	ir, chegar
go past	passar por
guys	*aqui:* pessoal
line	fila
long	longo(a), comprido(a)
metrocard	bilhete de metrô
Metropolitan Museum of Art	Museu Metropolitano de Arte
Museum of Modern Art	Museu de Arte Moderna
paintings	pinturas, quadros

safe	seguro(a)	**underground**	subterrâneo
see you	até mais	**unlimited**	ilimitado
sight	*aqui:* atração turística	**unfortunately**	infelizmente
		vending machine	máquina (de venda)
slow	lento(a)		
snacks	salgadinhos	**way**	caminho, modo, forma
station	estação		

As vantagens do transporte público

Fazer turismo em cidades tão interessantes quanto Nova York, San Francisco, Los Angeles e Dallas é muito fácil e econômico, graças aos formidáveis sistemas de transporte com que contam essas grandes metrópoles. Não só têm enormes redes de ônibus e trens, que cobrem uma grande área da cidade e vários subúrbios vizinhos, como também oferecem serviços bastante cômodos.

Os cartões ou passes de **unlimited rides** ("viagens ilimitadas"), que estão disponíveis em todas essas cidades, permitem fazer todas as viagens de trem e ônibus desejadas em um certo número de dias. Tanto as passagens simples como os cartões para viagens múltiplas podem ser comprados em **vending machines**. Pode-se obter mapas e horários em quase todas as estações, nos ônibus e em algumas lojas autorizadas. Também podem ser consultados (baixados e impressos) nas páginas *web* dos respectivos orgãos responsáveis pelo transporte público. Aqui estão alguns endereços que vale a pena conhecer:

Los Angeles: www.mta.net
San Francisco: www.transit.511.org
Nova York: www.mta.nyc.ny.us
Dallas: www.dart.org e www.the-t.com

An interesting meeting

LIÇÃO 27

Mrs. Young: What was so great about your afternoon, then?
Akio: Our trip to Tiffany's.
Mrs. Young: But you said you wanted to go to MoMA.
José Luis: Yes, we did.
Akio: But you were right. There was an enormous line.
José Luis: We were waiting in line when it started to rain.
Akio: Of course we didn't have our umbrellas with us.
Mrs. Young: You should always carry an umbrella with you here in this time of year – it's spring!
Akio: You're right again. Anyway, then José Luis saw some friends.
José Luis: Yes, Claudine and Marielle suddenly came along. They were going to Tiffany's.
Akio: So we got under their umbrellas and went with them.

José Luis:	Everything at Tiffany's was very expensive.
Akio:	José Luis tried to buy a gold elephant, but they knew he wasn't really serious.
José Luis:	And of course I didn't have enough money with me!
Akio:	And while he was talking to the salesperson, he saw Tiger Woods!
Mrs. Young:	Oh, the golf champion! What was he buying? A gold golf ball?
José Luis:	Of course! And a gold golf club!
Mrs. Young:	Did you two buy anything?
Akio:	No. But we got something for nothing.
José Luis:	An autograph from Tiger Woods!

Um encontro interessante

Sra. Young:	O que vocês fizeram de tão divertido esta tarde?
Akio:	Fomos à Tiffany's.
Sra. Young:	Mas vocês disseram que queriam ir ao MoMA.
José Luis:	Sim.
Akio:	Mas a senhora tinha razão. Havia uma fila enorme.
José Luis:	Estávamos esperando na fila quando começou a chover.
Akio:	E nós, é claro, não tínhamos guarda-chuvas.
Sra. Young:	Aqui, nesta época do ano, é preciso sempre levar um guarda-chuva. É primavera!
Akio:	A senhora tem razão de novo. De qualquer maneira, nesse momento José Luis viu umas amigas.
José Luis:	Sim, Claudine e Marielle apareceram. Estavam indo à Tiffany's.
Akio:	Então entramos debaixo de seus guarda-chuvas e fomos com elas.
José Luis:	Na Tiffany's tudo era muito caro.

Diálogo, gramática — Lição 27

Akio: José Luis tentou comprar um elefante de ouro, mas eles (os vendedores) sabiam que ele não estava falando sério.
José Luis: E eu, é claro, não tinha dinheiro suficiente comigo!
Akio: E enquanto estava falando com o vendedor, ele viu Tiger Woods!
Sra. Young: Ah, o campeão de golfe! O que ele estava comprando? Uma bola de golfe de ouro?
José Luis: Naturalmente! E um taco de golfe de ouro!
Sra. Young: E vocês compraram algo?
Akio: Não, mas conseguimos uma coisa em troca de nada.
José Luis: Um autógrafo de Tiger Woods!

A formação do Past Continuous

O Past Continuous é construído com **was/were + o verbo principal com o sufixo -ing**:

I **was talking** to Claudine.	Eu estava falando com Claudine.
We **were buying** some clothes.	Estávamos comprando roupas.

O Simple Past e o Past Continuous

■ O Simple Past é usado, como já vimos em lições anteriores, para se referir a ações e fatos que já foram concluídos.

■ Por outro lado, o Past Continuous descreve o que estava ocorrendo em um momento determinado no passado:

We were waiting in the line.	Estávamos esperando na fila.
I was talking to the salesperson.	Eu estava falando com o vendedor.
What was he buying?	O que ele estava comprando?

Lição 27

Gramática, exercícios

> ■ Com freqüência, refere-se também a algo que estava acontecendo justamente no momento em que algo importante e novo sucedeu:
>
> **We were waiting** in the line **when it started to rain.**
> Estávamos esperando na fila, quando começou a chover.
>
> **While I was talking** to the shop assistant, **I saw Tiger Woods.**
> Enquanto eu estava falando com o vendedor, vi Tiger Woods.

Exercício 1

Qual ação estava concluída e qual ainda estava "em andamento"?
Marque as situações que já terminaram.

1. This morning it was raining.
2. José Luis saw some friends.
3. They were going to Tiffany's.
4. We got under their umbrellas and went with them.
5. We didn't buy anything.
6. Tiger was shopping at Tiffany's.
7. So we spoke to him and asked him for his autograph.

Exercício 2

Complete o texto com a forma verbal correta.

1. While they .... (wait) in the line, it started to rain.
2. When they saw that it .... (rain), they got out their umbrella.
3. When we got under the umbrella, the rain suddenly .... (stop).
4. He .... (talk) to the salesperson when they saw him.
5. The salesperson .... (not, know) who she was talking to.

Exercícios, gramática — Lição 27

6. We'll never forget the day we .... (go) to Tiffany's.

---

with + pronomes oblíquos

We didn't have our umbrellas **with us.**	Não tínhamos os guarda-chuvas **conosco.**
I didn't have enough money **with me.**	Não tinha dinheiro suficiente **comigo**.

Um pouquinho, demais ou de menos. **Complete com to, too ou enough**.

Exercício 3

We had to go .... the supermarket, but there were .... many people and the service really wasn't good .... Everything was .... expensive and we didn't have .... money to pay the bill. We felt terrible. There wasn't .... time to go .... the bank – it was .... far away. Then we saw someone we knew and he lent us the money. We couldn't thank him ....

As estações do ano

summer	verão
fall/autumn	outono
winter	inverno
spring	primavera

Lembre-se de que é possível omitir o artigo definido:
in (the) spring   na primavera

Exercício 4

Relacione.

1. In spring
2. At Easter
3. In summer
4. At Christmas
5. In fall
6. In winter

a it's very cold.
b there are lots of eggs to eat.
c everything is green and there's a lot of rain.
d it's warm and sunny.
e the trees are all brown and gold.
f everyone gets presents.

1. .....   2. .....   3. .....
4. .....   5. .....   6. .....

something – nothing

something	algo, alguma coisa
nothing	nada
We got something for nothing.	Conseguimos algo grátis. (algo em troca de nada)

Exercícios, vocabulário — Lição 27

Exercício 5

Escreva a palavra adequada nos espaços livres:
must, must not, *should* ou *should not.*

1. It's raining. You .... take an umbrella with you.

2. Do you have change? You .... pay the fare when you take the bus.

3. You .... go to a language school if you want to learn faster.

4. Aren't you on a diet? You .... eat that ice cream!

5. You .... smile when you are happy.

Vocabulário

autograph	autógrafo
bill	conta
brown	marrom
champion	campeão
come along	aparecer
Easter	Páscoa
elephant	elefante
enormous	enorme
fall/autumn	outono
fare	tarifa
get under	"entrar" debaixo de
golf ball	bola de golfe
golf club	taco de golfe
meeting	encontro
nothing	nada
nothing *em:* for nothing	grátis (em troca de nada)
rain	chover
salesperson	vendedor(a)
serious	sério(a)
smile	sorrir
spring	primavera
start	começar
summer	verão
umbrella	guarda-chuva
while	enquanto
winter	inverno

Aspectos interculturais

Tiffany's

A **Tiffany's** é uma rede de lojas muito refinadas para pessoas com muito dinheiro e dispostas a gastá-lo. Mas, mesmo que você não pertença a esse grupo e não queira ou não possa gastar muito, não deixe de visitar essa lendária rede, pois vale a pena. As especialidades da **Tiffany's** são as jóias, os cristais, a porcelana e os artigos de prata, tanto para a casa como para uso pessoal. A **Tiffany's** mais famosa se encontra em Nova York, na Quinta Avenida com a Rua 57, no centro da região de lojas e hotéis mais caros da cidade. Também há lojas **Tiffany's** em outras cidades dos Estados Unidos e em países como Canadá, México, Brasil, Inglaterra, Itália, Alemanha, França, Suíça, Japão, China e Austrália, entre outros.

LIÇÃO 28

An evening at home

Mrs. Young: It's nice to have a quiet evening at home.
Lucia: Without the boys! Is there anything on television?
Mrs. Young: I haven't looked at the *TV Guide*.
Lucia: The *TV Guide?*
Mrs. Young: Yes, it's a magazine with all the TV programming.
Lucia: Oh, that one!
Mrs. Young: Have you seen it?
Lucia: No, I haven't.
Mrs. Young: I saw it yesterday. Mr. Young had it.
Lucia: Shall I turn the television on?
Mrs. Young: Yes, let's do some channel-surfing.
Lucia: Oh, I've seen that film. I watched it with my little brother last Christmas.
Mrs. Young: Do you miss him?
Lucia: Yes, I really miss him. And my mother and father and grandmother. And the cat! Shall I try the next channel?
Mrs. Young: Why not? Oh, it's the sports news.
Lucia: That's boring. Let's switch again.

Lição 28

Diálogo

> *Mrs. Young:* Oh, not another reality show! Perhaps we should switch the TV off and listen to some music – but no loud rock music, please.
> *Lucia:* Ah, the boys are back from their sports club.
> *José Luis:* Hi! Aren't you watching the Yankees-Cubs game?
> *Lucia:* Go ahead. I'd rather go to my room to read a book.
> *Mrs. Young:* And I'll go to the garden to water my plants. I never watch sports unless it's the Superbowl.
> *José Luis:* So you like football, then.
> *Mrs. Young:* No, I love the commercials!

Uma noite em casa

Sra. Young: É bom ter uma noite tranqüila em casa.
Lucia: Sem os garotos! Há alguma coisa na televisão?
Sra. Young: Não dei uma olhada no *TV Guide*.
Lucia: O *TV Guide*?
Sra. Young: Sim, é uma revista com toda a programação da televisão.
Lucia: Ah, esse!
Sra. Young: Você o viu?
Lucia: Não.
Sra. Young: Eu o vi ontem. Estava com o sr. Young.
Lucia: Quer que eu ligue o televisor?
Sra. Young: Sim, vamos zapear um pouco.
Lucia: Ah, já vi esse filme. Assisti com meu irmãozinho no Natal passado.
Sra. Young: Você sente falta dele?
Lucia: Sim, sinto muita falta. E da minha mãe, do meu pai, da minha avó. E do gato. Quer que eu tente o próximo canal?
Sra. Young: Por que não? Ah, é o noticiário esportivo.
Lucia: Isso é chato. Vamos mudar outra vez.
Sra. Young: Ah, outro *reality show*! Talvez devêssemos desligar o televisor e ouvir música – mas nada de rock em volume alto, por favor.
Lucia: Ah, os garotos já voltaram do clube.

Diálogo, gramática — Lição 28

José Luis: Oi! Vocês não estão vendo o jogo dos Yankees com os Cubs?
Lucia: Vá em frente. Eu prefiro ir para o meu quarto ler um livro.
Sra. Young: E eu vou para o jardim regar minhas plantas. Nunca assisto aos jogos, a menos que seja o Superbowl.
José Luis: Então a senhora gosta de futebol americano?
Sra. Young: Não, adoro os comerciais!

O Simple Past e o Present Perfect

Para recordar: o Simple Past descreve ações ou fatos que aconteceram no passado, que já foram concluídos e que, portanto, não têm relação com o presente.

O Present Perfect, como já vimos na Lição 13, é uma ponte com o presente:

I haven't seen the TV Guide.	Não vi (até agora) o *TV Guide*.

Compare a seguinte frase:

I saw it **yesterday**.	Vi (o guia) ontem.

Este último exemplo se refere a uma situação ou a um fato que ocorreu em um momento determinado no passado e que já se encerrou. Por isso, utiliza-se o Simple Past.

Observe agora a seguinte frase:

I've seen that film.	Eu já vi esse filme.

Lucia já viu o filme em outra ocasião. Aqui **não importa quando**, mas sim que já o viu. Em português, poderíamos usar o **"já"** para ressaltar esse aspecto.

I saw it **last Christmas**.	Vi-o no Natal passado.

Aqui se especifica **quando** Lucia assistiu ao filme, por isso se usa o Simple Past.

▪ Se você prestar atenção aos complementos de tempo e às expressões que aparecem junto a cada forma, não terá problemas na hora de utilizar corretamente esses dois tempos verbais:

Lição 28

Gramática, exercícios

Simple Past		*Present Perfect*	
yesterday	ontem	**so far**	até agora
last week	na semana passada	**up to now**	até agora
last April	em abril passado	**until now**	até agora
a month ago	há um mês	**yet** *(negativa)*	ainda não
a week ago	há uma semana		
a year ago	há um ano	**(I haven't done it yet.)**	
on Friday	na sexta-feira	**yet** *(interrogativa)*	já
in 2005	em 2005	**(Have you seen it yet?)**	

Exercício 1

Já aconteceu com você? Utilize as formas verbais corretas e dê respostas sintéticas.

1. (Have) you ever (meet) a movie star?

....

No, I ....

2. (Have) she ever (be) to Rome?

....

Yes, she ....

3. (Have) they ever (order) real French champagne?

....

No, they ....

4. (Have) he ever (see) the President on TV before?

....

No, he ....

Exercícios   Lição 28

5. (Have) we ever (do) this before?

....

Yes, we ....

6. (Have) you ever (watch) the Superbowl?

....

Yes, I ....

Relacione perguntas e respostas. Note a precisão do complemento de tempo em cada resposta: **use o Simple Past.**

1. Have you ever seen Harrison Ford?
2. Has she turned the TV off?
3. I've lost my umbrella. I can't find it anywhere.
4. He's never been to the theater.
5. Have they made the tea yet?
6. Who's eaten all the cookies?

a That's not true. He .... (go) to see *Romeo and Juliet* last year.

b I have. I .... (have) them with my tea half an hour ago.

  I .... (be) hungry.

c You .... (put) it in the car yesterday.

d Yes, I .... (see) him in a movie last week.

e They .... (make) it half an hour ago. It's cold now.

f Yes, she has. She .... (turn) it off after the 6 o'clock news.

1. ..... **2.** ..... **3.** .....

4. ..... **5.** ..... **6.** .....

Exercício 2

Lição 28 — Exercícios

Exercício 3

Complete as frases com a forma verbal correta.
Preste atenção aos complementos de tempo.

1. He .... (go) to watch the Superbowl five years ago.

2. She .... (not, come) home yet.

3. The last time they .... (play) football was in August.

4. She .... (not, have) a good game so far.

5. He .... (call) me last night.

6. We .... (not, do) anything interesting up to now.

7. I .... (visit) them in 1992.

8. But they .... (never, be) to see me at my home.

Exercício 4

Escreva em inglês as frases a seguir e preste atenção aos complementos de tempo.

1. Ontem vi o homem.

....

2. Nunca o vimos.

....

3. Ela encontrou o irmão dela há dois dias.

....

4. Até agora não a vi.

....

5. Ele viu o filme no México há um ano.

....

6. Ela ainda não telefonou para ele.

....

Exercícios, gramática, vocabulário — Lição 28

7. Ele esteve em Nova York no Natal.

....

8. Você já esteve em Nova York?

....

I'd rather...

Lucia não gosta de esportes:
I'd rather read a book.   Prefiro ler um livro.
'd neste caso é a forma abreviada de **would**. É mais uma construção que se recomenda memorizar.
Aqui estão mais alguns exemplos:
I'd rather watch a movie. Prefiro assistir a um filme.
We'd rather go to sleep.   Preferimos ir dormir.

Vocabulário

brother	irmão	**magazine**	revista
cat	gato(a)	**miss**	sentir falta de
champagne	champanha	**mother**	mãe
channel	canal	**movie**	filme
channel-surfing	zapear (mudar rapidamente os canais de TV)	**music**	música
		plants	plantas
		President	presidente (da República)
commercials	comerciais	**programming**	programação
father	pai	**rock music**	rock
film	filme	**sports news**	noticiário esportivo
football	futebol americano		
		turn off/ switch off	desligar
game	partida, jogo		
garden	jardim	**turn on**	ligar
go ahead	vá em frente	**unless**	a menos que
grandmother	avó	**watch**	assistir a
I'd rather	prefiro	**water**	regar (as plantas)
loud	em volume alto		
		without	sem

Lição 28   Vocabulário, aspectos interculturais

Vocabulário adicional

A família

aunt	tia	**grandson**	neto
cousin	primo(a)	**son**	filho
daughter	filha	**sister**	irmã
granddaughter	neta	**uncle**	tio
grandfather	avô		

Televisão

Entre as redes nacionais dos Estados Unidos se destacam a **ABC**, **CBS**, **MSNBC**, **FOX**, **UPN** (Paramount), **WB** (Warner Bros), **PBS** (televisão pública, sem propagandas comerciais) e as redes hispânicas **Univision** e **Telemundo**.
Essas emissoras e suas retransmissoras, ao lado de outros canais locais independentes, que podem passar de dez nas cidades de médio e grande porte, e os inúmeros canais nacionais e internacionais que chegam por cabo e satélite oferecem programação para todos os gostos e idades, 24 horas por dia, 365 dias por ano.

O Superbowl

O **Superbowl** é a partida final do campeonato da Liga Nacional de Futebol Americano, e é quase um feriado nacional nos Estados Unidos. É disputado anualmente, no último domingo de janeiro ou no primeiro domingo de fevereiro, e milhões de norte-americanos assistem ao jogo pela televisão.
Devido à magnitude do evento e à sua elevada audiência, o **Superbowl** também é um espetáculo publicitário, pois se transformou na vitrine favorita dos anunciantes para passar seus comerciais mais elaborados ou simplesmente extravagantes. O custo de inserção de um comercial durante o **Superbowl** aumenta a cada ano. Em 2005, um espaço de 30 segundos custava 2,4 milhões de dólares.

Visitors from Mexico

Mrs. Young: Nice to meet you, Mr. Rey.
Mr. Rey: Nice to meet you too.
Mr. Young: Ah, Mrs. Rey. Welcome to New York.
Mrs. Rey: It's lovely to be here. And the weather is so good.
Mr. Young: Yes, it's been quite nice lately.
Mr. Rey: It was very windy and rainy when we left Mexico.
Mrs. Young: I hope you had a good flight.
Mr. Rey: Yes, we did, thank you.
Mr. Young: Have you been to New York before?
Mr. Rey: Yes, we have. In fact, my wife and I met here in New York nearly twenty years ago.
Mrs. Young: Oh, really?
Mrs. Rey: Yes, my husband was here on business and I was learning English.
Mr. Young: Just like José Luis.
Mrs. Rey: Yes, I was at the same language school, too!
Mr. Young: How did you meet?

Mr. Rey:	Well, it was quite dramatic.
Mr. Young:	What happened?
Mr. Rey:	I was late for a meeting and was running to get a taxi.
Mrs. Rey:	And he knocked me over. I hurt myself quite badly.
Mr. Rey:	Yes, she hurt her knee and her hand. I felt awful, so I gave her a lift to the school.
Mrs. Rey:	And we realized we were both Mexican.
Mr. Young:	Did you go to the meeting?
Mr. Rey:	Yes I did, because a lot of firms were trying to get an important contract.
Mr. Young:	Who got it?
Mr. Rey:	I did.
Mrs. Young:	So you left with a contract and a wife!
Mr. Rey:	Yes – we got married three months later!
José Luis:	The story of how my parents bumped into each other and fell in love…

Visitantes vindos do México

Sr. Young:	Muito prazer em conhecê-lo, sr. Rey.
Sr. Rey:	O prazer é meu.
Sr. Young:	Ah, sra. Rey. Bem-vinda a Nova York.
Sra. Rey:	É muito bom estar aqui. E o tempo está tão bom.
Sr. Young:	Sim, ultimamente anda bem agradável.
Sr. Rey:	Quando saímos do México, ventava e chovia muito.
Sra. Young:	Espero que vocês tenham feito boa viagem (de avião).
Sr. Rey:	Sim, fizemos, obrigado.
Sr. Young:	Vocês já estiveram em Nova York antes?
Sr. Rey:	Sim. De fato, minha esposa e eu nos conhecemos em Nova York há quase vinte anos.
Sra. Young:	Sério?
Sra. Rey:	Sim, meu marido estava aqui a negócios e eu estava aprendendo inglês.
Sr. Young:	Como o José Luis.
Sra. Rey:	Sim, eu também estudei na mesma escola de idiomas!

Diálogo, gramática, exercícios Lição 29

Sr. Young:	Como vocês se conheceram?
Sr. Rey:	Bem, foi bastante dramático.
Sr. Young:	O que aconteceu?
Sr. Rey:	Eu estava atrasado para uma reunião e estava correndo para tomar um táxi.
Sra. Rey:	E ele me atropelou. Eu me machuquei bastante.
Sr. Rey:	Sim, ela machucou o joelho e a mão. Senti-me péssimo e dei-lhe uma carona até a escola.
Sra. Rey:	E nos demos conta de que ambos éramos mexicanos.
Sr. Young:	E o senhor foi à reunião?
Sr. Rey:	Sim, porque muitas empresas estavam tentando fechar um negócio importante.
Sr. Young:	Quem o fechou?
Sr. Rey:	Eu.
Sra. Young:	Então saiu daqui com um negócio fechado e uma esposa!
Sr. Rey:	Sim, nos casamos três meses depois!
José Luis:	A história de como meus pais trombaram um com o outro e se apaixonaram...

Cumprimentos

Entre adultos, além da expressão **Nice to meet you**, que vimos na Lição 4, usa-se também a seguinte saudação:

Pleased to meet you.   Prazer em conhecê-lo(a).

A resposta para **Nice to meet you** é:
Nice to meet you too.   O prazer é meu.
Igualmente.

B não tinha certeza de como deveria responder.
Sublinhe a resposta correta.

Exercício 1

A: How are you?
B: *Nice to meet you too./I'm fine, thanks*
A: I hope you had a good flight?
B: *Yes, we did, thank you./Yes, we have, thank you.*
A: You're lucky with the weather.
B: *Yes, it is./Yes, we are.*
A: Have you been here before?
B: *No, we haven't./No, we weren't.*

Lição 29 Exercícios, gramática

A: Well, welcome to New York.
B: *Thank you. My wife and me are very lucky to be here. / Thank you. My wife and I are very happy to be here.*

Exercício 2

Você quer saber tudo nos mínimos detalhes.
Faça perguntas utilizando *who*, *what* ou *which* e o verbo.

A: Then something very dramatic happened.
B: ....?
A: They got married.
B: ....?
A: That meeting was so boring.
B: ....?
A: Somebody gave me a lift to town.
B: ....?
A: I got the contract.
B: ....?

A preposição on

Eis aqui um novo uso da preposição **on**:

on business	a negócios
He's away on business.	Ele está viajando a negócios.
on vacation	de férias
We're going on vacation tomorrow.	Estamos saindo de férias amanhã.

Gramática Lição 29

Os pronomes reflexivos

*I hurt **myself**.*   Eu me machuquei.

Os pronomes reflexivos em inglês – ***myself***, ***yourself*** etc. – equivalem aos pronomes reflexivos em português – "**me**, **te**, **se**" etc.

*I hurt **myself**.*	Eu me machuquei.
*You hurt **yourself**.*	Tu te machucaste.
	Você se machucou.
*He hurt **himself**.*	Ele se machucou.
*She hurt **herself**.*	Ela se machucou.
*It hurt **itself**.*	Machucou-se.
*We hurt **ourselves**.*	Nós nos machucamos.
*You hurt **yourselves**.*	Vocês se machucaram.
*They hurt **themselves**.*	Eles/Elas se machucaram.

Os pronomes reflexivos são utilizados também no mesmo contexto que "**mesmo(a)**" ou "**próprio(a)**":

*Do it **yourself**.*	Faça você mesmo.
*We wrote it **ourselves**.*	Nós mesmos (próprios) o escrevemos.

Também há casos em que usamos em português o pronome reflexo, mas não em inglês. Eis alguns dos mais importantes:

be ashamed	envergonhar-se
be interested in	interessar-se por
be wrong	confundir-se
concentrate	concentrar-se
get annoyed	irritar-se com
get dressed	vestir-se
get undressed	despir-se
hurry up	apressar-se
move	mover-se
remember	lembrar-se de

▶

Lição 29 — Gramática, exercícios

Por fim, uma expressão muito útil quando recebemos visitas:
Help yourself. Sirva-se.
Help yourselves. Sirvam-se.

Exercício 3

Complete as lacunas com os pronomes reflexivos correspondentes.

1. Did she hurt .... when he knocked her over?
2. Tell him to hurry up. He never leaves .... enough time.
3. Don't worry – they'll drive there ....
4. We've got to do it ....
5. I must teach .... some Japanese before my business trip to Tokyo.
6. Can't you tell him .... ?
7. Hello everybody. There's lots of food to eat. Just help ....

each other

E aqui está uma outra variação importante dos pronomes reflexivos:
bump into each other trombar um com o outro, conhecer-se por acaso

Each other tem o sentido de reciprocidade.

Algo parecerido acontece nos seguintes exemplos:
help each other ajudar-se (mutuamente)
hate each other odiar-se (mutuamente)
write to each other escrever (um para o outro)

Gramática, exercícios — Lição 29

O pronome possessivo – my

Preste atenção à esta construção; em português, nem sempre se usa o possessivo:
*I hurt **my** knee.*　　　Machuquei o joelho.
Ou também:
*He washed **his** face.*　　Ele lavou o (próprio) rosto.

Verbo + preposição/partícula II

Bons tempos aqueles em Nova York! Já vimos que ***bump into each other*** significa "conhecer-se por acaso", "encontrar-se". José Luis usou a expressão com duplo sentido, porque literalmente significa "trombar", "chocar-se", que foi o que realmente aconteceu no caso de seus pais.

Duas expressões tiradas do diálogo:
knock over　　atropelar, tropeçar em alguém
fall in love　　apaixonar-se (***fall*** = "cair")

Exercício 4

Qual adjetivo combina com os seguintes substantivos?
Escreva o adjetivo antes do substantivo correspondente:
good, large, important, lovely, nice, rainy, small.

1. .... weather
2. .... business meeting
3. .... day
4. .... flight
5. .... firm

Exercício 5

Complete a história com os verbos que aparecem a seguir. Utilize o Simple Past: *bump, fall, get, help, hurt, live, look, love, know, meet, see, talk.*

Another love story

They .... each other from the office. They .... each other every day, but they didn't really .... to each other. Then one day they .... each other in the street. In fact they actually .... into each other. They were both carrying heavy shopping bags and the groceries went all over the pavement. They .... each other to pick the things up, ... at each other and .... in love.

They .... married a month later and promised to .... each other and never .... each other and, of course, as[1] in all good love stories, they .... happily ever after[2].

[1] como
[2] viveram felizes para sempre.

Vocabulário — Lição 29

bump into each other	trombar um com o outro, conhecer, encontrar por acaso	**lift** *em:* **give somebody a lift**	dar carona para alguém
contract	contrato, negócio	**myself**	me, eu mesmo(a), mim mesmo(a)
dramatic	dramático(a)		
each other	um (ao, no, com o) outro	**on business**	a negócios
fall in love	apaixonar-se	**pavement**	calçamento, asfalto
firm	empresa	**pleased to meet you**	prazer em conhecê-lo(a)
get married	casar-se		
hand	mão		
hurt	machucar-se	**rainy**	chuvoso(a)
important	importante	**same**	o mesmo, a mesma
knee	joelho		
knock over	atropelar, tropeçar em alguém	**welcome**	bem-vindo(a)
		wife	esposa, mulher
lately	ultimamente	**windy**	com vento

O corpo

arm	braço	**head**	cabeça
back	costas	**leg**	perna
cheeks	bochechas	**lips**	lábios
chin	queixo	**mouth**	boca
ears	orelhas	**neck**	pescoço
elbow	cotovelo	**nose**	nariz
eyes	olhos	**shoulder**	ombro
face	rosto	**stomach**	estômago
finger	dedo da mão	**thumb**	polegar
		toe	dedo do pé
foot	pé	**tongue**	língua

O tempo atmosférico

Falar do tempo ajuda a quebrar o gelo e puxar conversa com desconhecidos: a maioria das pessoas sempre reage a esse tipo de comentário, o que pode ser o ponto de partida para um bom papo.

Se quiser tentar, aqui estão algumas expressões que podem ser de muita utilidade:

Nice day, isn't it?	Lindo dia, não é?
Awful weather, isn't it?	Que tempo horrível, não?
What a beautiful day!	Que dia bonito!

Saying goodbye

LIÇÃO 30

Mrs. Young: Was your hotel comfortable?
Mrs. Rey: Yes, it was fine, thank you.
Mr. Rey: We got a very spacious room.
Mrs. Rey: With a beautiful view.
Mr. Rey: We even had a wireless Internet connection in the room!
Mrs. Rey: And the staff was very friendly. I'd like to stay there again next time.
Mr. Rey: Why not? But perhaps we could stay at a bed and breakfast place.
José Luis: There's a good bed and breakfast just around the corner.
Mrs. Young: Yes, it's very nice – and we would like to see you again soon.
Mr. Rey: Well, we want to visit José Luis before the end of the term.
Mrs. Rey: Yes, we've enjoyed staying in New York very much.
Mr. Rey: Thank you so much for showing us around.
Mrs. Young: It's been a pleasure. We love having visitors.
José Luis: Come on, Mom, or you'll miss the shuttle.

Lição 30 — Diálogo

> *Mrs. Rey:* Goodbye then, everyone.
> *Mr. Rey:* Goodbye. And you be good, José Luis.
> *Mrs. Young:* José Luis isn't any trouble, and we like having young people in the house. Bye, and take care. Have a safe trip.
> *Mrs. Rey:* Bye. And say goodbye to Lucia for us!

A despedida

Sra. Young: O hotel de vocês era confortável?
Sra. Rey: Sim, era bom, obrigada.
Sr. Rey: Conseguimos um quarto muito espaçoso.
Sra. Rey: Com uma vista linda.
Sr. Rey: Tínhamos até conexão à internet sem fio no quarto!
Sra. Rey: E os funcionários eram muito gentis. Gostaria de me hospedar lá de novo da próxima vez.
Sr. Rey: Por que não? Mas talvez pudéssemos nos hospedar em uma pousada.
José Luis: Há uma boa pousada logo ali, virando a esquina.
Sra. Young: Sim, é muito agradável – e gostaríamos de vê-los de novo.
Sr. Rey: Bem, queremos visitar José Luis antes do final do período letivo.
Sra. Rey: Sim, aproveitamos muito nossa estada em Nova York.
Sr. Rey: Muito obrigado por terem nos mostrado a cidade.
Sra. Young: Foi um prazer. Adoramos receber visitas.
José Luis: Vamos, mamãe, senão vocês perderão o ônibus.
Sra. Rey: Então, adeus a todos.
Sr. Rey: Adeus, e comporte-se, José Luis.
Sra. Young: José Luis não nos dá problema, e adoramos ter gente jovem em casa. Tchau e cuidem-se bem. Façam boa viagem.
Sra. Rey: Tchau. E se despeçam de Lucia por nós!

Exercícios Lição 30

I'd like... Como você expressaria os seguintes pedidos ou desejos?

Exercício 1

Você quer...

1. um quarto espaçoso e confortável.

....

2. um hotel barato.

....

3. um quarto para dois com café-da-manhã.

....

4. visitar Nova York na próxima primavera.

....

5. um quarto com conexão à internet.

....

6. ir ao cinema esta noite.

....

Lição 30   Gramática

> **Verbos no gerúndio (-ing)**
>
> Depois de algumas preposições, exige-se um verbo no gerúndio (**-ing**):
> *Thank you **for showing** us around.*
>
> Há também alguns verbos depois dos quais só se pode usar gerúndio:
> *We've **enjoyed staying** in New York.*
>
> Exemplos:
> | | |
> |---|---|
> | **avoid** | evitar |
> | **enjoy** | desfrutar, aproveitar |
> | **imagine** | imaginar |
> | **finish** | terminar |
> | **risk** | arriscar |
> | **suggest** | sugerir |
>
> *We **love having** visitors.* *We love to have visitors.*
> *We **like having** young people in the house.* *We like to have young people in the house.*
>
> Tanto **love** (amar) como **like** (gostar) **podem** ser seguidos indistintamente do **gerúndio (-ing)** ou de **to + infinitivo**.

Com a expressão **would like** apenas se pode utilizar **to + infinitivo**:
*I'**d like to** stay there.*

Exercícios Lição 30

Exercício 2 — **Ordene as palavras e forme frases com sentido.**

1. missing/buses/hates/everybody

   ....
   ....

2. love/new/meeting/people/they

   ....
   ....

3. next/suggest/bed and breakfast/I/a/trying/time

   ....
   ....

4. looking/to/forward/seeing/we're/soon/again/you

   ....
   ....

5. hated/saying/I've/goodbye/always

   ....
   ....

6. showing/us/for/thank/you /around

   ....
   ....

Lição 30 — Exercícios, gramática

Exercício 3

Complete as frases com *like to* ou *like -ing*.

1. Would you like José Luis .... (get) married?

2. We wouldn't like .... (see) the romance finish.

3. Does he like .... (stay) at the bed and breakfast around the corner?

4. He'd like .... (stay) at an expensive hotel.

5. I like .... (have) young people in the house.

6. Would you like her .... (show) us around the town?

7. Yes, we like .... (see) the sights.

Como se despedir

Além de *"Goodbye"* as pessoas também podem se despedir usando a forma abreviada *"Bye"*. Os jovens usam com freqüência a expressão *"See you"* ("a gente se vê"). Quando as pessoas vão se encontrar mais tarde, no mesmo dia, também se pode dizer *"See you later"* ("Vejo você mais tarde", "Até mais").

Exercício 4

Para terminar, uma carta de despedida. **Coloque os verbos que faltam nos espaços maiores e as preposições *in*, *to* ou *with* nos menores.**

Dear Mr. and Mrs. Young,

We .... (arrive) home safely yesterday evening. Please tell José Luis we .... (not, have) any problems and we .... (not, miss) the plane either! We enjoyed .... (meet) you so much. You ....

Exercícios, vocabulário   Lição 30

(be) so kind .... us in New York.
Thank you for .... (show) us around. We .... (have) a wonderful vacation.
We would really like to welcome you .... our home .... Mexico City. We have a guest bedroom .... the second floor .... a huge bed and a TV set. There .... (be) a bathroom .... the bedroom. It's very comfortable, and we love .... (have) visitors.
What about .... (come) with José Luis at the end of the term? We're looking forward to .... (hear) from you soon. Give our love .... José Luis and our best wishes .... Lucia and Akio, and Rover.

Kindest regards,
Esteban and Guadalupe Rey

Vocabulário

again	de novo	**corner**	esquina
around the corner	virando a esquina	**internet connection**	conexão à internet
bed and breakfast (place)	pousada	**guest bedroom**	quarto de hóspedes
		miss	perder
comfortable	confortável	**pleasure**	prazer

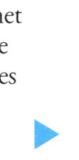

regards	respeitos	**soon**	logo
romance	romance	**spacious**	amplo(a)
safe *em:*		**staff**	(quadro de) funcionários
Have a safe trip	Faça boa viagem	**take care**	ter cuidado, cuidar-se
show around	mostrar a cidade	**term**	período letivo
shuttle	ônibus (fretado ou de serviço especial)	**visitor**	visitante
		wireless	sem fio
		wishes	votos
		young	jovem

Hospedagem

Os hotéis nos Estados Unidos são relativamente caros, por isso, em alguns casos, recomenda-se a hospedagem em um *bed and breakfast* (ou *B & B*), uma pousada de nível bom ou muito bom e com preços mais acessíveis que os grandes hotéis. Ao longo de rodovias e nos arredores dos aeroportos, também proliferam os *inns* ou *motels*, que são muito mais modestos e têm taxas ainda mais econômicas. Muitos deles incluem café-da-manhã continental (*continental breakfast*), que consiste em suco de laranja, café, cereal e pão torrado ou *bagels*, espécie de rosquinha típica dos desjejuns norte-americanos.

Verbos irregulares

Infinitivo		Simple Past	Past Participle
be	ser, estar	was/were	has/have been
break	quebrar	broke	has/have broken
bring	trazer	brought	has/have brought
buy	comprar	bought	has/have bought
catch	pegar	caught	has/have caught
come	vir	came	has/have come
cost	custar	cost	has/have cost
do	fazer	did	has/have done
drink	beber	drank	has/have drunk
drive	conduzir, dirigir	drove	has/have driven
eat	comer	ate	has/have eaten
fall	cair	fell	has/have fallen
find	encontrar	found	has/have found
forget	esquecer(-se)	forgot	has/have forgotten
get	obter, ter, conseguir	got	has/have gotten
give	dar	gave	has/have given
go	ir	went	has/have gone
have	ter	had	has/have had
hear	ouvir	heard	has/have heard
hurt	ferir	hurt	has/have hurt
keep	conservar	kept	has/have kept
know	conhecer, saber	knew	has/have known
learn	aprender	learned	has/have learned
leave	sair, partir, deixar	left	has/have left
lend	emprestar	lent	has/have lent
let	deixar	let	has/have let
lose	perder	lost	has/have lost
make	fazer, fabricar	made	has/have made

Infinitivo		Simple Past	Past Participle
mean	significar	*meant*	*has/have meant*
meet	encontrar, conhecer	*met*	*has/have met*
put	pôr	*put*	*has/have put*
read	ler	*read*	*has/have read*
ring	telefonar	*rang*	*has/have rung*
run	correr	*ran*	*has/have run*
say	dizer	*said*	*has/have said*
see	ver	*saw*	*has/have seen*
sell	vender	*sold*	*has/have sold*
show	mostrar	*showed*	*has/have shown*
sit	sentar(-se)	*sat*	*has/have sat*
sleep	dormir	*slept*	*has/have slept*
speak	falar	*spoke*	*has/have spoken*
spend	gastar	*spent*	*has/have spent*
spread	espalhar(-se)	*spread*	*has/have spread*
stand	ficar em pé	*stood*	*has/have stood*
take	tomar	*took*	*has/have taken*
teach	ensinar	*taught*	*has/have taught*
tell	dizer, contar	*told*	*has/have told*
think	pensar	*thought*	*has/have thought*
throw	atirar, arremessar	*threw*	*has/have thrown*
understand	entender	*understood*	*has/have understood*
wear	usar, vestir, calçar	*wore*	*has/have worn*
write	escrever	*wrote*	*has/have written*

Soluções dos exercícios

Lição 1

Exercício 1: **1. Are** you from New York? **2.** No, I**'m** from Winnipeg. **3.** I**'m** José Luis and you**'re** Steven. **4. Is** that coffee? **5.** Yes, that**'s** coffee.

Exercício 2: **1.** No, **thanks. 2.** Yes, **please. 3. No,** I'm from Mexico. **4. Yes,** I'm from Winnipeg.

Exercício 3: **1.** Are you from Canada? **2.** No, I'm from New York. **3.** Is that all right? **4.** Yes, thank you.

Exercício 4: PROIBIDO FUMAR AFIVELE O CINTO

Lição 2

Exercício 1: **1.** Here **are** the carts. **2.** Immigration **is** over there. **3. Are** they heavy? **4.** The case **is** very heavy. **5. Is** the backpack on the cart? **6.** Flight 1971. We **are** over there.

Exercício 2: **1. They're** very heavy. **2. It's** on the cart. **3. It's** the flight from Mexico City. **4.** No, **they're** here. **5.** No, **it's** the line for visitors.

Exercício 3: **1.** Here is the suitcase. **2.** Can we lift it? **3.** I am lost. **4.** They're over there.

Exercício 4: **1.c** Nothing to declare **2.f** Arrivals **3.b** US Citizens & Residents **4.a** Baggage Claim **5.g** Departures **6.e** Visitors **7.d** Goods to declare

Lição 3

Exercício 1: **1.** When **2.** How **3.** Where **4.** How

Exercício 2: **13 thirteen 50 fifty 40 forty 45 forty-five 11 eleven**

Exercício 3: **1. an** hour **2. a** blue, white and yellow bus **3. a** New York bus **4. a** long trip **5. an** idiot **6. an** exit

Exercício 4: **1.** Where are you **from? 2. to** the exit **3. on** the plane **4. on** the right **5. in** the travel bag **6.** the stop **for** Atlantic City **7. at** twelve o'clock

Exercício 5: **1.** Excuse me. - Yes? - Where's the stop for New York City, please? - It's over there. - Thank you. **2.** A ticket to Trenton, please. - One-way or roundtrip? - Roundtrip. - That's fifty-seven dollars.

Lição 4

Exercício 1: **1.** They must be American. **2.** No, they aren't. **3.** You must be hungry. **4.** No, we aren't hungry, thanks. / No thanks, we aren't hungry.

Soluções dos exercícios

Exercício 2: **1. Are** they hungry? **2.** No, they **aren't,** but they**'re** very tired. **3.** We**'re** happy here, but she **isn't.** **4. Are** you two from Italy? - No, we **aren't**, but they **are.** **5.** No thanks, I**'m** full. I**'m not** hungry.

Exercício 3: **1.**c - **2.**d - **3.**e - **4.**b - **5.**a

Exercício 4: **1.** Nice to **meet** you. **2. Leave** the bags in the hall. **3.** Oh dear, you must be **tired.** Sit down. **4.** Oh dear, you're **hungry.** Have a sandwich. **5.** The hall is full of **bags.** **6.** The school is full of **Japanese students.**

Exercício 5: American   Mexican   Japanese   Canadian   Latino

Lição 5

Exercício 1: **1. her** room **2. his** room **3. your** Walkman **4. my** radio

Exercício 2: Lucia**'s room** ... José Luís**'s** ... opposite Akio**'s** ... chair**s** ... two suitcase**s** and two bag**s** ... Lucia**'s** bag**s** ... English book**s**.

Exercício 3: **1.** it **doesn't have** **2.** I **have** **3.** It **has** **4.** She **has** ... she **doesn't have** **5.** They **have** **6.** We **have** ... we **don't have** **7.** I **don't have**

Exercício 4: **1.**b - **2.**d - **3.**c - **4.**e - **5.**a

Exercício 5: ... **How** are you? ... **Where**'s that? ... **Where**'s Louisiana? ... **Who**'s Eila?

Lição 6

Exercício 1: Tim and Penny live in New York.   Tim work**s** for a big bank ...   He get**s** up ... and leave**s** the house ...   Penny go**es** to work ...   She teach**es** ...   They like ..., but they love ...   Penny do**es** her shopping ...   Tim get**s** home ...   He relax**es** and Penny do**es** the cooking.

Exercício 2: **1.** Our dog always loves its pancakes. **2.** They normally have their dinner at seven. **3.** We usually leave our dog in the kitchen. / We usually leave the dog in our kitchen. **4.** They sometimes come back late from their classes.

Exercício 3: **1.** five after six **2.** ten to twelve **3.** twenty-five after three **4.** two-thirty **5.** quarter to nine **6.** eleven (o'clock)

Exercício 4: **1.** I usually get up at quarter to seven. **2.** We normally have breakfast in the kitchen. **3.** For breakfast we have coffee and eggs with toast. **4.** I usually have a snack at noon. **5.** I often speak English at work.

Lição 7

Exercício 1: **2.** Whose ring is it? **3.** Whose suitcase is it? **4.** Whose toast is it? **5.** Whose dog is it? **6.** Whose chairs are they?

Soluções dos exercícios

Exercício 2: **1.** It's his key. **2.** It's our problem. **3.** It's his problem. **4.** It's my dog. **5.** It's their garden.

Exercício 3: **1.** I don't know where the key is. **2.** She doesn't get back at three. **3.** He doesn't come to the conversation class. **4.** They don't get home at five. **5.** You don't forget things. **6.** We don't think it's a good thing. **7.** I don't like my milk cold.

Exercício 4: **1.** She doesn't often forget things. **2.** We don't usually leave the dog outside. **3.** They don't always have problems. **4.** He doesn't normally come home late at night. **5.** You don't usually get in so early. **6.** I don't often find the time.

Lição 8

Exercício 1: **1. Does** **2. Do** **3. Do** **4. Do**

Exercício 2: **1.** How much does it cost? **2.** When do you play? **3.** Why does he go on Fridays? **4.** Where do they play? **5.** Why do you like it?

Exercício 3: Yes, **I do.** - No, **it doesn't.** - Yes, **they do.** - Yes, **he does.** - No, **we don't.**

Exercício 4: **1.** He wants to meet his friends on Saturday. **2.** We don't do sport in the mornings. **3.** Do you want to come on Monday afternoon? **4.** They usually play tennis on Fridays. **5.** Does she cook for the family in the evenings?

(Nos números **1.**, **2.** e **4.** pode aparecer o complemento de tempo no começo da frase.)

Lição 9

Exercício 1: **1.** She**'s buying** some clothes. **2.** They**'re cooking** spaghetti. **3.** He**'s having** his dinner. **4.** They**'re enjoying** the film.

Exercício 2: **1.**c - **2.**b - **3.**d - **4.**a

Exercício 3: **1.** Is Lucia getting up? **2.** Is the bus leaving? **3.** Are Lucia and Akio coming? **4.** Is José Luis looking forward to dinner? **5.** Is he/she enjoying the film?

Exercício 4: **1.** He isn't buying any fruit. **2.** They aren't meeting any friends. **3.** I'm not having any toast. **4.** She isn't getting any tickets. **5.** We aren't going to the sports club. **6.** You aren't doing the cooking.

Exercício 5: **1.** I'd like that pineapple, please. **2.** I'd like those grapes, please. **3.** I'd like those apples, please. **4.** I'd like that case, please. **5.** I'd like that coat, please.

Soluções dos exercícios

Lição 10

Exercício 1: **1.** He's giving his presentation next Monday afternoon. **2.** Are you going on the trip tomorrow? **3.** Isn't she meeting them next week? **4.** We aren't having dinner at home tomorrow evening. **5.** I'm not doing the shopping this weekend. **6.** I'm playing tennis with them on Friday.
(Nos números **1.**, **4.**, **5.** e **6.**, o complemento de tempo pode aparecer no começo da frase.)

Exercício 2: **1.** him **2.** me **3.** us **4.** them **5.** her **6.** me; you

Exercício 3: **1.** ferry **2.** map **3.** trip **4.** paper **5.** borough

Exercício 4: **1.** Would you like to come with us? **2.** Would you like to go to the Statue of Liberty with them? **3.** Would you like to go/come downtown with me? **4.** Would you like to play tennis with her? **5.** Would you like to go with him?

Exercício 5: **6 - 4 - 2 - 5 - 1 - 3** O diálogo é o seguinte: Would you like some fruit? - Yes, I'd like some grapes, please. - Which grapes - black or white? - White, please. - Here you are. - Thank you.

Lição 11

Exercício 1: **1.** us (= pronome oblíquo; as demais são pronomes retos) **2.** white (as demais são partículas interrogativas) **3.** today (as demais são dias da semana) **4.** lot (não é uma preposição) **5.** trip (as demais são meios de transporte) **6.** food (as demais são edifícios) **7.** hungry (as demais são advérbios de tempo) **8.** late (as demais expressam um sentimento)

Exercício 2: **1.** They **usually get back** very late. **2.** ... this time she**'s staying** in a college dormitory. **3.** ... tonight we**'re cooking** lasagne. **4.** I **normally get** the early train.

Exercício 3: **1.** When is she leaving? **2.** Why does she hate her room? **3.** Where are they going (to)? **4.** Where do they want to meet them? **5.** What are you cooking? **6.** Who do you think is great? **7.** Why are you working late?

Exercício 4: **1.** No, they don't. They come from France. **2.** No, they aren't. They're staying at a college dormitory. **3.** No, they aren't. They're late. **4.** No, they don't. They usually arrive early. **5.** No, she doesn't. She likes junk food. **6.** No, she isn't. She's giving them potato chips and chocolate.

Lição 12

Exercício 1: **1.** ... **they're** women ... **2. There are** some grapes ... **They're** very sweet. **3. There are** 354 steps ... **They're** small **4. There are** too many people ... **They're** very tired. **5. There are** lots of interesting pictures ... **6.** ... **they're** boring!

Soluções dos exercícios

Exercício 2: **1.** There **are** 354 steps ...   **2.** ... there**'s** an elevator ...   **3.** There**'s** a lot of information ...   **4.** ... there **are** many pictures.   **5.** There**'s** a ferry ...   **6.** There **are** lots of people.   **7.** ... there **is** a café ...   **8.** ... There **are** pastries and cookies ...

Exercício 3: **1.** sem **an**   **2.** com **a**   **3.** sem **an**   **4.** com **a**   **5.** com **a**   **6.** com **a**

Exercício 4: **1.** useful   **2.** big   **3.** good   **4.** boring   **5.** lovely   **6.** interesting

Exercício 5: **1.** sounds   **2.** look   **3.** sound   **4.** look; sound (ou vice-versa)   **5.** sounds

Lição 13

Exercício 1: **1.** ... she**'s ordered** four cups of coffee.   **2.** ... she **hasn't asked** for more sugar.   **3.** ... we**'ve asked** for tea.   **4.** ... they **haven't asked** for sandwiches.   **5. Have you asked** for lots of whipped cream?   **6. Has he ordered** any more coffee?

Exercício 2: **1.** Have you ever played golf?   **2.** Have they ever looked after your children?   **3.** Has he ever cooked spaghetti?   **4.** Has she ever eaten Japanese food?   **5.** Have you ever used a computer?   **6.** Have you ever been to Washington, DC?

Exercício 3: **1.** Have you had your coffee yet?   **2.** Yes, I've just eaten lots of cookies, thanks.   **3.** We have never been so full.   **4.** Claudine has already used all the milk.   **5.** Has José Luis ever looked so happy before?

Exercício 4: **1.** ... too **many** pastries.   **2.** There isn't **much** milk.   **3.** ... too **much** coffee.   **4.** There aren't so **many** tourists ...   **5.** Have you seen **many** interesting things?   **6.** I haven't really had so **much** to eat!

Exercício 5: **1.** much   **2.** many   **3.** many   **4.** many   **5.** much

Lição 14

Exercício 1: **1. for** a long time   **2. since** January   **3. for** six months   **4. since** last year   **5. for** weeks

Exercício 2: **1.** I've been here since five o'clock.   **2.** They've known us for months.   **3.** We've had the house since 1990.   **4.** Have you known him long?/for a long time?   **5.** They've lived in New York for twenty years.   **6.** He's been in the shop for ten minutes.

Exercício 3: A: ... my **goodness!**   B: Manhattan looks **beautiful**...   A: ...   B: Oh, **no!**; ... all **right?**   A: ... he **seems** okay.   B: ... **all** right?   A: Don't **worry** ...

Exercício 4: **1.** Oh, really?   **2.** Never mind.   **3.** I'm really sorry.   **4.** Of course.   **5.** Oh dear.

Exercício 5: **1.**c - **2.**e - **3.**b - **4.**a - **5.**d

Soluções dos exercícios

Lição 15

Exercício 1: 2. - 3. - 1.

Exercício 2: 1.f - 2.e - 3.a - 4.c - 5.g - 6.d - 7.b

Exercício 3: We**'re enjoying** our trip ... We**'ve been** here for four weeks ... we**'ve done** a lot of interesting things. We**'ve visited** so many churches ... tomorrow we**'re going** to Granada ... The weather**'s been** very good ... We**'ve met** so many friendly people and they all **speak** English very well. Carol now **wants** to learn some Spanish ... She **loves** it here. We hope you**'re having** a good time ... We**'re looking** forward to your news.

Exercício 4: **1.** He must go to bed.   **2.** I need information about the courses.   **3.** Could you send me some money?   **4.** We've had lots of sandwiches.   **5.** You should go on a diet.

Exercício 5: **1. from** Mexico   **2. in** English   **3.** put **on**   **4.** photos **of** the family   **5.** looking forward **to**   **6. to** Granada   **7.** money **for** books

Lição 16

Exercício 1: **1.** sharp**er**   **2.** nic**er**   **3.** cheap**er**   **4.** fat**ter**   **5.** big**ger**   **6.** eas**ier**

Exercício 2: **1.** than   **2.** than   **3.** as   **4.** as   **5.** as   **6.** than

Exercício 3: **1.** The women **have to** wear hats.   **2.** He **has to** buy a new shirt for the wedding.   **3. Do** they **have to** buy new clothes?   **4.** I really **have to** go downtown now.   **5. Do** we **have to** go on a diet?   **6.** She **has to** wear a dress to the wedding, not pants.

Exercício 4: 1.b - 2.a - 3.c - 4.d - 5.f - 6.e

Lição 17

Exercício 1: **1.** easier; more difficult   **2.** more useful   **3.** wetter   **4.** more fascinating   **5.** more interesting

Exercício 2: **1.** Could   **2.** might   **3.** could; might   **4.** Could   **5.** might

Exercício 3: **A:** Could you lend me 35 dollars?   **B:** Sure.   **A:** I don't normally borrow money.   **B:** That's okay./That's all right.   **A:** Thank you. That's very kind of you.

Lição 18

Exercício 1: **A:** What **are you going to do** after college?   **B:** I'm **going to work** in a bank and I**'m going to make** a lot of money.
A: Well, I**'m not going to live** in town. I**'m going to have** a house in the country.   **B:** In the country! You **aren't going to find** work there.
A: I**'m not going to get** a job. He**'s going to buy** me a lovely big house.
B: He?   **A:** Yes, my millionaire. Let me explain...

Soluções dos exercícios

Exercício 2: **1.** She**'s going to report** it to the police. **2.** Everything**'s going to** be all right. **3.** He**'s going to** panic. **4.** They**'re going to give** it to the police. **5.** I**'m going to call** my parents and tell them. **6.** I'm sure we**'re going to have** a wonderful vacation in the country.

Exercício 3: **1.** She **isn't going to report** it to the police. **2.** Everything **isn't going to be** all right. **3.** He **isn't going to panic.** **4.** They **aren't going to give** it to the police. **5.** I**'m not going to call** my parents and tell them. **6.** I'm sure we **aren't going to have** a wonderful vacation in the country.

Exercício 4: **1.** Is everything going to be all right? **2.** Is he going to believe it? **3.** Is she going to call? **4.** Are they going to have an interesting English class? **5.** Are you going to help me? **6.** Is there going to be a crisis?

Exercício 5: **1.b - 2.a - 3.e - 4.d - 5.c**

Lição 19

Exercício 1: I'll do it. No problem - she'll drive us back. Oh, it'll be all right. They'll help you. We'll get them.

Exercício 2: **1.** José Luis won't make any more mistakes. **2.** Mrs. Young won't have/drink any wine. **3.** Lucia won't drink/have too much wine. **4.** Mr. Young won't drive home.

Exercício 3: **1.** When **2.** If **3.** If **4.** When **5.** If

Exercício 4: **1.** He drives **slowly** and **carefully**. **2.** She speaks English **fluently**. **3.** They are learning **slowly**. **4.** I've done it **badly**. **5.** You've cooked it **nicely**.

Exercício 5: **1.** mine **2.** theirs **3.** hers **4.** His **5.** yours **6.** ours

Lição 20

Exercício 1: **1.d - 2.b - 3.a - 4.e - 5.c**

Exercício 2: **1.** You **mustn't** drive when you're tired. **2.** They **don't have to** eat if they aren't hungry. **3.** Don't worry, you **don't have to** clear up after the picnic. **4.** You **mustn't** throw the cans in the paper bank. **5.** We **don't have to** go back yet.

Exercício 3: ... these blue **ones**? ... the big white **ones** ... A small **one**? ... Yes, a small **one** ... but give the boys large **ones** ... Which **ones**? ... The **ones** with egg and bacon ... I'll have **one**, too.

Exercício 4: **A:** I've never **heard of** it. **B:** ... we must **look after** the environment. **A:** I **think** recycling is a very good idea. **B:** I'll **throw away** the litter ... **A:** ... don't **throw away** the knives and forks!

Soluções dos exercícios

Lição 21

Exercício 1: **A:** Where **were** you yesterday? **B:** We **were** in the country with Mr. and Mrs. Young. **A: Was** the weather bad? **B:** No, it **wasn't**. It **was** lovely and sunny. **A: Was** Lucia with you? **B:** Yes, she **was.** We had an exciting day. **A:** An exciting day? Why **was** that? **B:** We **were** stuck in the middle of the countryside and there **wasn't** any gas in the tank and it **was** dark. **A: Were** you scared? **B:** No, we **weren't.** The Youngs **were** quite upset, but it **wasn't** really their fault. And we had some fun. **A:** Well, that certainly **was** fun! We **were** stuck on a bus on the road coming back from Washington, DC for hours!

Exercício 2: Just **a little**, please … there are only **a few** cookies left … Could I have **a little** bit of fruit … There are only **a few** grapes … just **a little** bit.

Exercício 3: **1.** They were in the country. They had a picnic. **2.** The weather wasn't so good. **3.** I was scared. **4.** But we had a lot of fun. **5.** It wasn't her fault. **6.** We had a long walk to the gas station. **7.** They were hungry and tired. **8.** I was lucky.

Lição 22

Exercício 1: **1.** He walked to the nearest phone booth to call home. **2.** The phone was out of order. **3.** I have enough coins to call Mexico. **4.** So he asked someone for some change. **5.** Then he walked back to the first phone booth. **6.** He dialed the number but there wasn't anybody at home.

Exercício 2: **1.** No, he didn't. **2.** Yes, he did. **3.** No, he didn't. **4.** Yes, he did. **5.** No, he didn't.

Exercício 3: **1.** somebody **2.** anybody **3.** somebody **4.** anybody **5.** Somebody **6.** anybody

Exercício 4: **1.c - 2.b - 3.d - 4.a**

Lição 23

Exercício 1: **1.** from; for **2.** brave; from **3.** at; on **4.** broke; quickly

Exercício 2: Regulares: asked – caused – liked – lived – loved – helped – knocked – saved – turned – walked – wanted
Irregulares: broke – caught – got – heard – hurt – let – ran – said – saw – spread – told

Exercício 3: **1.** What did they hear? **2.** Where did they run to? **3.** What did they see in the house? **4.** How did they break the window? **5.** Where did the flames spread to?

Exercício 4: **1.** How did the frying pan catch fire? **2.** What did you try to do at first? **3.** Why didn't you open the window? **4.** Why didn't you call the police? **5.** How much damage did the fire cause? **6.** What did you say to the students?

Soluções dos exercícios

Exercício 5: **1.** She told ~~to~~ the police that she was unhurt. **2.** The paper said ~~that~~ there was severe damage. **3.** Tell ~~to~~ them to get out quickly. **4.** Did you tell the students ~~that~~ you were too shocked?

Lição 24

Exercício 1: **A:** I'd like two tickets for tomorrow evening, please. **B:** Which seats, sir? **A:** In the orchestra or in the balcony. / In the balcony or in the orchestra. **B:** There are no seats left in the orchestra, I'm afraid. **A:** Then two balcony seats, please. **B:** That'll be $180. **A:** Do you take credit cards? **B:** Of course, sir. Just give me the number.

Exercício 2: **1.**c - **2.**d - **3.**a - **4.**e - **5.**f - **6.**b

Exercício 3: **1.** to call **2.** seeing **3.** to bring **4.** seeing **5.** to take **6.** listening to

Exercício 4: **1.** saw **2.** lived **3.** were **4.** forgot **5.** got up **6.** had **7.** caught **8.** reserved

Exercício 5: … I saw it, **too** … I didn't **either** … I can't **either** … I would, **too.**

Lição 25

Exercício 1: **1.** been **2.** gone **3.** gone **4.** been **5.** gone **6.** been

Exercício 2: **1.** hard; fast **2.** hardly **3.** near **4.** nearly **5.** late **6.** lately **7.** high **8.** highly

Exercício 3: Well **done** … well **read** … very well **dressed** … very well **made.**

Exercício 4: **1.**d - **2.**b - **3.**e - **4.**c - **5.**a

Exercício 5: **1.** any**body** **2.** every**thing** **3.** No**body** **4.** every**where** **5.** any**thing** **6.** some**where** **7.** no**where** **8.** some**thing** **9.** some**body**

Lição 26

Exercício 1: **1.** plane/car **2.** bike **3.** plane **4.** plane **5.** bike **6.** bike **7.** bike **8.** car

But the most interesting way for me is by car/jeep/bus/bike/motorbike/plane/hot-air balloon/…

Exercício 2: **1.**e - **2.**b - **3.**c - **4.**g - **5.**d - **6.**a - **7.**f -

Exercício 3: **1.** You'd better go to bed early. **2.** We'd better have something to eat. **3.** She'd better wear (some) warmer clothes. **4.** They'd better get it from the vending machine. **5.** We'd better do the/some shopping. **6.** She'd better be quick.

Exercício 4: Kevin gets **up** at 7.30. … and gets **to** work at 9.15.

Soluções dos exercícios

He gets **on** the bus ... and gets **off** ... then walks **to** the office ... **by** bus ... go **on** foot ... **for** lunch ... doesn't get **back** home ... gets **tired** quickly ... he's getting **old** ... get **lost**!

Lição 27

Exercício 1: 2., 4., 5., 7. descrevem ações que terminaram

Exercício 2: **1.** While they **were waiting** ...   **2.** ... it **was raining** ...   **3.** ... the rain suddenly **stopped**.   **4.** He **was talking** ...   **5.** The salesperson **didn't know** ...   **6.** ... the day we **went** to Tiffany's.

Exercício 3: ... **to** the supermarket ... **too** many people ... good **enough** ... **too** expensive ... **enough** money ... **enough** time ... **to** the bank ... **too** far away ... thank him **enough**.

Exercício 4: 1.c - 2.b - 3.d - 4.f - 5.e - 6.a

Exercício 5: **1.** You **should** take ...   **2.** You **must** pay ...   **3.** You **should** go ...   **4.** You **mustn't** eat ...   **5.** You **should** smile ...

Lição 28

Exercício 1: **1.** Have you ever met a movie star? – No, I haven't.   **2.** Has she ever been to Rome? – Yes, she has.   **3.** Have they ever ordered real French champagne? – No, they haven't.   **4.** Has he ever seen the President on TV before? – No, he hasn't.   **5.** Have we ever done this before? – Yes, we have.   **6.** Have you ever watched the Superbowl? — Yes, I have.

Exercício 2: **1.d** Yes, I **saw** him in a movie last week.   **2.f** Yes, she has. She **turned** it off after the 6 o'clock news.   **3.c** You **put** it in the car yesterday.   **4.a** That's not true. He **went** to see *Romeo and Juliet* last year.   **5.e** They **made** it half an hour ago. It's cold now.   **6.b** I have. I **had** them with my tea half an hour ago. I **was** hungry.

Exercício 3: **1.** He **went** to watch ...   **2.** She **hasn't come** home ...   **3.** ... they **played** football ...   **4.** She **hasn't had** a good game ...   **5.** He **called** me ...   **6.** We **haven't done** anything interesting ...   **7.** I **visited** them ...   **8.** ... they**'ve never been** to see me ...

Exercício 4: **1.** I saw the man yesterday.   **2.** We've never seen him.   **3.** She met her brother two days ago.   **4.** I haven't seen her yet.   **5.** He saw the movie in Mexico one year ago.   **6.** She hasn't called him yet.   **7.** He was in New York at Christmas.   **8.** Have you ever been to New York?

Lição 29

Exercício 1: **A:** How are you?   **B: I'm fine, thanks.**   **A:** I hope you had a good flight?   **B: Yes, we did, thank you.**   **A:** You're lucky with the weather.   **B: Yes, we are.**   **A:** Have you been here before?   **B: No, we haven't.**   **A:** Well, welcome to New York.   **B: Thank you. My wife and I are very happy to be here.**

Soluções dos exercícios

Exercício 2: What happened? ... Who got married? ... Which meeting (was so boring)? ... Who gave you a lift (to town)? ... Which contract (did you get)?

Exercício 3: **1.** hurt **herself** **2.** leaves **himself** **3.** drive there **themselves** **4.** do it **ourselves** **5.** teach **myself** **6.** tell him **yourself** **7.** help **yourselves**

Exercício 4: **1.** good, lovely, nice, rainy – weather **2.** good, important – business meeting **3.** good, important, lovely, nice, rainy – day **4.** good, lovely, nice – flight **5.** good, large, important, small – firm

Exercício 5: They **knew** each other from the office. They **saw** each other every day but they didn't really **talk** to each other. Then one day they **met** each other in the street. In fact they actually **bumped** into each other. They were both carrying heavy shopping bags and the groceries went all over the pavement. They **helped** each other to pick the things up, **looked** at each other and **fell** in love. They **got** married a month later and promised to **love** each other and never **hurt** each other and, of course, as in all good love stories, they **lived** happily ever after.

Lição 30

Exercício 1: **1.** I'd like a spacious and comfortable room. **2.** I'd like a cheap hotel. **3.** I'd like a room for two people with breakfast. **4.** I'd like to visit New York next spring. **5.** I'd like a room with internet connection. **6.** I'd like to go to the movies tonight.

Exercício 2: **1.** Everybody hates missing buses. **2.** They love meeting new people. **3.** I suggest trying a bed and breakfast next time. **4.** We're looking forward to seeing you again soon. **5.** I've always hated saying goodbye. **6.** Thank you for showing us around.

Exercício 3: **1.** to get **2.** to see **3.** staying **4.** to stay **5.** having **6.** to show **7.** seeing

Exercício 4: We **arrived** home safely yesterday evening. Please tell José Luis we **didn't have** any problems and we **didn't miss** the plane either! We enjoyed **meeting** you so much. You **were** so kind **to** us in New York. Thank you for **showing** us around. We **had** a wonderful vacation.

We would really like to welcome you **to** our home **in** Mexico City. We have a guest bedroom **on** the second floor **with** a huge bed and a TV set. There **is** a bathroom **in** the bedroom. It's very comfortable, and we love **having** visitors.

What about **coming** with José Luis at the end of the term? We're looking forward to **hearing** from you soon. Give our love **to** José Luis and our best wishes **to** Lucia and Akio, and Rover.

Kindest regards,
Carlos and Gilda Silva

Glossário

Lições 1–30

Os números indicam em que lição aparece cada palavra pela primeira vez.

A

a um(a) 3
a few alguns(umas), poucos(as), uns, umas 21
a little (bit) um pouco, um pouquinho 21
a lot of muito(s), muita(s) 13
about por volta de 10
actor ator 24
address endereço 15
address book agenda de telefones 18
advice conselho(s) 12
afraid *em:*
  I'm afraid acho/temo/receio que 24
after depois 7
after all no final das contas 6
afternoon tarde (parte do dia) 6
afterwards depois, mais tarde 23
again de novo 30
ago *em:*
  a few years ago há alguns anos 24
all todos, tudo 2, 25
all right tudo bem 1
already já 5
also também 26
always sempre 6
America Estados Unidos 3
American norte-americano 1
an um(a) 3
and e 1
anniversary aniversário
  (mas não de nascimento) 12
another outro(a) 22
antique antiguidade, antigo(a) 12
any *em:*
  not any nenhum(a) 9
any more...? (ainda) mais algum/alguns? 13
anybody qualquer um (pessoa) 25
anyway de qualquer maneira 14
apple maçã 9
are és, é, são 1
arm braço 29
around the corner virando a esquina 30
arrive chegar 11
as... as tão/tanto... como/quanto 16
ashtray cinzeiro 14
ask perguntar 8
ask for pedir 13
at em, a 2
at first primeiro, a princípio 23
at work no trabalho 6
ATM (Automatic Teller Machine)
  caixa eletrônico 17
aunt tia 28
autograph autógrafo 27
autumn outono 27

B

back costas 29
back *em:*
  be back estar de volta 7
backpack mochila 2
bacon bacon 6
bad mau, má 17
bad news más notícias 17
bagel pão em forma de rosca 6
balcony balcão, galeria
  (de uma casa de espetáculo) 24
banana banana 9
bank banco 6
bank account conta bancária 17
basement porão 25
basketball basquete 8
bathroom banheiro 5
battery bateria, pilha 22
beans feijões 9
beautiful lindo(a) 12
because porque 7
bed cama 5
bed and breakfast (place) pousada 30
bedroom quarto de dormir 5
before antes (de) 7
begin começar 16
behind atrás 20
be late atrasar-se 26
believe acreditar 18
best (o) melhor 26
better *em:*
  you better hurry (é) melhor se apressar 3
better *em:*
  we'd better... é melhor nós... 26
big grande 5
bill nota (de dinheiro), conta 17, 27
black grapes uvas pretas 9
blouse blusa 16
blue azul 20
bodybuilding musculação 8
boiled egg ovo cozido 6
book livro 3
booth cabine, bilheteria (do metrô) 26
boots botas 16
boring chato(a) 12

Glossário

borough distrito 10
borrow pedir emprestado 17
both ambos(as) 16
bottle garrafa 19
box office bilheteria 24
boy menino, rapaz 15
brave corajoso(a) 23
brawny musculoso(a), forte 24
bread pão 6
break quebrar 23
breakfast café-da-manhã 6
brilliant esplêndido 21
brother irmão 28
brown marrom 27
building edifício 17
bump into each other conhecer/encontrar por acaso, trombar um com o outro 29
bus ônibus 3
bus stop parada de ônibus 3
bus terminal terminal de ônibus 3
bus tour passeio turístico de ônibus 25
busy ocupado(a) 9
but mas 2
butter manteiga 6
buy comprar 3
by *em*
    by bus de ônibus 26
    by subway de metrô 26
bye até logo, tchau 24

C

cabbage repolho 9
café lanchonete, cafeteria 12
cake bolo 12
call telefonar 18
can *(subst.)* lata 20
can *(verbo)* poder, saber, conseguir 2
can't não poder, não saber, não conseguir 2
Canadian canadense 1
car carro 14
careful cuidadoso(a) 12
carefully *(adv.)* cuidadosamente 19
carry carregar, levar, transportar 2
cart carrinho para bagagem 2
case valise 18
cash dinheiro vivo 17
cat gato(a) 28
catch pegar, agarrar, tomar 23
catch fire pegar fogo 23
cathedral catedral 26
cauliflower couve-flor 9
cause causar 23
celebrate comemorar 23
cell phone telefone celular 22

cent(s) centavo(s) 3
cereal cereais, granola etc. 6
certainly *(adv.)* certamente 19
chair cadeira 5
champagne champanha 28
champion campeão 27
change *(subst.)* troco, trocado 3
change *(verbo)* trocar 17
channel canal 5
channel-surfing zapear (mudar rapidamente os canais de TV 28
chat tagarelar, conversar 22
cheap barato(a) 14
check cheque, conta 17, 25
cheeks bochechas 29
cheese queijo 21
children crianças 12
chin queixo 29
chocolate chocolate 11
church igreja 15
citizens cidadãos 2
city cidade, centro da cidade 20, 6
class classe 5
clean up limpar 20
clear up arrumar 20
clever esperto 16
climb (up) subir 12
close perto 10
clothes roupas 9
coat casaco 7
coffee café 1
coin moeda 22
cold frio 7
collect recolher 20
collection coleção 26
college faculdade 18
college dormitory dormitório universitário, moradia estudantil 11
come along aparecer 27
come back voltar (para casa) 6
come home voltar para casa 7
come in entrar 4
comfortable confortável 30
commercials comerciais 28
completely completamente 24
conservation conservação ambiental 20
container recipiente 20
contract negócio, contrato 29
conversation conversa, conversação 7
cook cozinhar 6
cookie biscoito 12
corner esquina 30
cost custar 8
Costume Institute Instituto da Indumentária 26

Glossário

cotton algodão, de algodão **16**
could etc. poderia **15**
country *em:*
   to the countryside para o campo **18**
course curso **15**
cousin primo(a) **28**
crisis crise **18**
crown coroa **12**
cry for help grito de socorro **23**
cucumber pepino **9**
culture cultura **26**
cup xícara **4**
cute bonitinho(a) **24**

D

Dad pai **15**
Daddy papai **15**
damage danos **23**
dark escuro(a) **21**
dark-haired de cabelos escuros **24**
daughter filha **28**
day *em:*
   a day out um dia fora (passeio) **11**
dear querido(s), querida(s) **15**
debit card cartão de débito **17**
delicious delicioso(a) **13**
design projeto **12**
dial digitar, discar **22**
diet dieta, regime **15**
diet *em:*
   go on a diet fazer dieta **15**
difficult difícil **15**
difficulty dificuldade **12**
dinner jantar **6**
dish prato **25**
do fazer **10**
dog cachorro **6**
dollar dólar **3**
door porta **5**
down the road descendo a rua, rua abaixo **17**
downstairs descendo as escadas, no andar de baixo **25**
downtown centro (da cidade) **9**
dramatic dramático(a) **29**
dress vestido **16**
dressing molho para salada **25**
drink beber **21**
drive dirigir **19**
drive back dirigir (na) volta **19**
dumping jogar lixo **20**

E

each other um (ao, no, com o) outro **29**
early cedo **7**
ears orelhas **29**

east coast costa leste **3**
Easter Páscoa **27**
easy fácil **16**
eat comer **9**
egg ovo **6**
either *em:*
   not... either também não **24**
elbow cotovelo **29**
elderly idoso(a) **23**
elegant elegante **16**
elementary school
   escola de ensino fundamental **6**
elephant elefante **27**
elevator elevador **12**
else *em:*
   there wasn't anybody else
   não havia mais ninguém **22**
empty vazio(a) **20**
end fim, final **24**
English inglês **5**
enjoy gostar de, fazer algo com prazer **9**
enormous enorme **27**
enough suficiente **15**
environment meio ambiente **20**
environmental ambiental **20**
evening fim da tarde, começo da noite **6**
evening dress vestido de baile **26**
ever alguma vez **13**
everybody todos, todo mundo **6**
everything tudo **18**
excellent excelente **21**
exciting emocionante **21**
excuse me desculpe-me, com licença **3**
exercises exercícios **8**
exit saída **2**
expensive caro(a) **16**
explain explicar **18**
expression expressão **25**
extra extra **5**
eyes olhos **29**

F

face rosto **29**
fair de pele clara **24**
fair-haired loiro(a) **24**
fall outono **27**
fall in love apaixonar-se **29**
family família **5**
famous famoso(a) **12**
fancy bom, de boa qualidade; enfeitado **16**
fantastic fantástico(a) **12**
far longe **17**
fare tarifa **27**
fascinating fascinante **12**
fashion show desfile de moda **16**
fast rápido(a) **26**

Glossário

father pai 28
fault defeito, culpa 19
feel sentir-se 25
feel hungry ter fome 25
ferry balsa 10
fifty cinqüenta 3
film filme 28
finally finalmente 22
financial econômico(a), financeiro(a) 12
find encontrar 7
fine multa 20
finger dedo da mão 29
finish terminar 7
fire fogo, incêndio 23
firm empresa 29
first (of all) primeiro, antes (de mais nada) 18
fit servir (roupa) 16
flame chama 23
flight vôo 2
flight attendant comissário(a) de bordo 1
fluently *(adv.)* fluentemente 19
food comida 9
foot *(pl. feet)* pé 12
football futebol americano 28
for para 2
for nothing grátis (em troca de nada) 27
for sale à venda 26
forget esquecer 7
fork garfo 19
French francês(esa) 12
fresh impertinente 8
fridge geladeira, refrigerador 7
fried egg ovo frito 6
friend amigo(a) 8
friendly simpático(a), amável 11
fries batatas fritas 25
from de (proveniência) 1
from a partir de 12
fruit fruta 9
frying pan frigideira 23
fudge calda 13
full cheio(a), saciado(a) 21
full of cheio(a) de 4
fun *(subst.)* diversão 10
fun *(adj.)* divertido(a) 9
furniture móveis, mobília 12
further mais além 26

G

gallery galeria 12
game partida, jogo 28
garden jardim 28
gas gasolina 9
gas station posto de gasolina 21
get obter, conseguir, sacar 17

get *em:*
get back voltar 7
get fat engordar 16
get home voltar para casa 7
get in entrar 7
get married casar-se 29
get off descer, sair (de veículo) 26
get on entrar em/pegar/tomar (veículo) 11
get out of sair de 11
get out of control fugir ao controle 23
get to ir, chegar 26
get under "entrar" debaixo de 27
get up levantar-se 6
ghost story história de terror 21
gift presente 12
girl menina, moça 15
give dar 10
   give *em:*
   give back devolver 18
glad feliz, contente 11
glass vidro 14
go ir 6
go *em:*
   go ahead *(imp.)* vá em frente 28
   go out sair 13
   go past passar por 26
   go to the john ir ao banheiro 25
   go up subir 12
going to ir (fazer alguma coisa) 18
golf ball bola de golfe 27
golf club taco de golfe 27
good bom, boa 2
good news boas notícias 18
gorgeous deslumbrante 24
granddaughter neta 28
grandfather avô 28
Grandma vovó 15
grandmother avó 28
grandson neto 28
grape uva 9
great ótimo 11
great *em:*
   have a great time divertir-se muito 21
green verde 20
grilled grelhado, na grelha 25
ground floor andar térreo 23
guest bedroom quarto de hóspedes 30
guidebook guia turístico 12
guys rapazes, caras; pessoal 26
gym, gymnasium academia de ginástica 8

H

half meio(a) 3
half a mile meia milha 19
half past e meia 6

Glossário

hall saguão, entrada 4
hamburger hambúrguer 9
hand mão 29
handsome bonitão (para homens) 24
happen acontecer 14
happy feliz, satisfeito(a) 4
hard duro, difícil, com afinco, duramente 25
hat chapéu 16
hate detestar, odiar 11
have a look at dar uma olhada em 25
have fun divertir-se 14
have something on usar ou vestir algo 7
have to ter de 16
have/has ter 5
he ele 4
head cabeça 29
hear ouvir, escutar, ouvir falar 20
heavy pesado(a) 2
hello olá 2
help ajudar 10
her *(pron. pos.)* seu(s), sua(s) (dela) 5
her *(pron. obl.)* a, lhe, ela 10
here aqui 2
Here you are! Tome, aqui está. 3
hi oi 2
him o, lhe, ele 10
his seu(s), sua(s) (dele) 5
holiday feriado 18
home casa 9
hope esperar, ter esperança 15
hot quente 13
hour hora 3
house casa 5
how como 3
how long quanto tempo (dura) 3
how much quanto (é) 3
huge enorme, farto 21
hungry com fome, faminto 4
hurry apressar-se, correr 3
hurt doer, ferir, machucar(-se), magoar 12, 23
husband marido 16

I
I'd rather prefiro 28
I'm eu sou 1
I'm American eu sou norte-americano 1
ice cream sorvete 12
idiot idiota 3
if se, em caso de 19
immediately *(adv.)* imediatamente 16
immigration imigração 2
important importante 29
in em 3
in fact de fato, na realidade 14
independence independência 12
information informação(ões) 12
inside dentro 7
interesting interessante 12
internet connection conexão à internet 30
is é 1
island ilha 10
it ele, ela, o, a (neutro) 2
Italy Itália 2
its seu(s), sua(s) (neutro) 6

J
jam geléia 6
Japan Japão 4
Japanese japonês(esa) 4
jelly gelatina 6
juice suco 6
junk food junk food (alimentos calóricos sem valor nutritivo) 11
just prestes a, neste momento 11

K
keep fit manter a forma 8
key chave 7
keychain chaveiro 7
kind gentil, simpático(a) 10
kiss beijo 15
kitchen cozinha 5
kitchen table mesa de cozinha 18
knee joelho 29
knife faca 19
knock bater 5
knock over derrubar, atropelar, tropeçar em alguém 14, 29
know saber 7

L
ladies room banheiro feminino 25
lady senhora 3
language school escola de idiomas 4
large grande 20
lasagne lasanha 9
last último(a) 14
late tarde 6
lately *(adv.)* ultimamente 29
later mais tarde 6
Latin America América Latina 1
learn aprender 15
leave sair 4
left (à) esquerda 19
left *em:* **there isn't any... left** não há mais..., acabou o(a)... 21
leg perna 29
lemon limão 9
lend emprestar 17
lesson aula, lição 21

Glossário

let permitir 7
letter carta 15
lettuce alface 9
lift erguer, levantar 2
lift *em:*
   give somebody a lift dar carona para alguém 29
like
   em: **I'd like** eu gostaria, eu queria 9
Lincoln Memorial Monumento a Lincoln 25
line fila 12
lips lábios 29
listen to escutar 23
litter lixo 20
litter bug porco (pessoa que joga lixo no chão) 20
little pequeno(a) 12
live viver, morar 6
living room sala de estar 5
local paper jornal local 10
long comprido, longo 12
look olhar, parecer (pelo aspecto) 7, 12
   look *em:*
   look after cuidar de, tomar conta 11
   look at olhar 16
   look for procurar 22
   look forward to estar ansioso por, não ver a hora de 9
lose perder 18
lose weight perder peso 16
lost perdido(a) 2
lots of muito(s), muita(s) 13
loud em volume alto 28
love *(subst.)* saudades (no fim de uma carta) 15
love *(verbo)* amar, gostar de 6
love *em:*
   I'd love to adoraria 10
lovely bonito(a), muito bom 5, 29
low baixo, pouco, no fim 19
lower mais baixo; (bairro) baixo 12
lucky *em:*
   be lucky ter sorte 5
lunch almoço 6

M

magazine revista 3
make fazer 12
make money ganhar dinheiro 18
man homem 3
many muitos(as) 12
map mapa 10
maple syrup calda feita de seiva de bordo 6
maybe talvez 8
me me, mim 10
meal refeição 6
mean querer dizer, significar 25
medium rare mal passado 25

meet encontrar-se com 8
meeting encontro 27
men *(pl.)* homens 8
MetroCard bilhete de metrô 26
Metropolitan Museum of Art
   Museu Metropolitano de Arte 26
Mexico México 1
middle meio, metade 21
might *em:*
   I might... talvez eu.../pode ser que eu... 17
mile milha 19
milk leite 1
millionaire milionário 18
mind *em:*
   I don't mind não me importo 24
mine meu(s), minha(s) 19
minute minuto 3
miss sentir falta de, perder 28, 30
mistake erro, falta 19
mixed misto(a) 25
model maquete 12
Mom mãe 15
Mommy mamãe 15
money dinheiro 15
month mês 4
more... than mais... que 16
morning manhã 6
mother mãe 28
mouse *(pl. mice)* camundongo 12
mouth boca 29
movie filme 28
Mrs. sra. 4
much muito(a) 13
much *em:*
   so much tanto 14
museum museu 12
Museum of Modern Art
   Museu de Arte Moderna 26
mushrooms cogumelos 9
music música 28
must ter de 15
must be dever ser 4
my meu(s), minha(s) 5
My goodness! Ai, meu Deus! 14
myself me, eu mesmo(a), mim mesmo(a) 29

N

name nome 15
narrow estreito(a) 12
nearest mais próximo(a) 22
nearly *(adv.)* quase 19
neck pescoço 29
need precisar 15
never nunca 13
never mind não faz mal 11

Glossario

new novo(a) 15
New York Nova York 1
news notícia(s) 12
newspaper jornal 10
newsstand banca de jornais 22
next seguinte, próximo(a) 3
next time a próxima vez 8
next to ao lado de 5
next week semana que vem 10
nice agradável, simpático(a) 5
nice to meet you muito prazer em conhecê-lo(a) 4
no não, nenhum(a), nada 1, 9
no problem sem problema 7
no, thanks não, obrigado(a) 1
nobody ninguém 22
noon meio-dia 6
normally normalmente 6
nose nariz 29
not much não muito(a) 13
nothing nada 27
now agora 5
number número (de telefone) 22

O

of course é claro, naturalmente 5
office escritório 6
often freqüentemente 6
oh ah 1
Oh dear! Ai, meu Deus! 4
Oh, boy! Nossa! 16
okay de acordo, tudo bem 5
on em, sobre, em cima de 1
on business a negócios 29
on our way home na volta 21
one um(a) 2
one-way só de ida 3
only só, apenas 8
open abrir 19
opposite em frente (de) 5
orange laranja 9
orange juice suco de laranja 6
orchestra orquestra 24
order pedir 13
ordinary comum 20
other outro(s), outra(s) 15
our nosso(s), nossa(s) 6
out of order quebrado 22
outfit traje 16
outside fora, diante (de) 7, 22
over *em:* **over an hour** mais de uma hora 22
over there ali, lá 2
owner proprietário(a), dono(a) 5

P

paintings pinturas, quadros 26
pair um par 16
pancakes panquecas 6
panic entrar em pânico 18
pants *(pl.)* calças 16
paper jornal 3
parents pais 17
pass passar 10
passenger passageiro(a) 1
pastry *petit-four* 12
pavement calçamento, asfalto 29
pay pagar 25
pear pêra 9
peas ervilhas 9
people gente, pessoas, povo 4, 12
perfect ideal, perfeito 19
perhaps talvez 25
phone booth cabine telefônica 22
phonecard cartão telefônico 22
photo foto 15
picnic piquenique 19
picture foto, retrato 12
pineapple abacaxi 9
place lugar, local 12
plain simples 16
plan planejar 10
plane avião 1
plants plantas 28
plate prato 19
play *(subst.)* peça de teatro 25
play *(verbo)* jogar 8
pleased to meet you prazer em conhecê-lo(a) 29
pleasure prazer 30
plump gorducho(a) 24
poached egg ovos pochê 6
pocket bolso 7
police polícia 18
post office agência dos correios 22
postcard cartão-postal 15
potato chips batata chips 11
pound libra (454 gramas) 9
pour servir (líquido) 19
present presente 12
presentation apresentação 10
President presidente (da República) 28
pretty bonito(a) 24
problem problema 17
programming programação 28
promise prometer 22
prosecuted processado 20
pull puxar 21
put on weight engordar 15
put out pôr, dispor 19

Q

quarter to quinze para 6
quick rápido(a) 26
quickly *(adv.)* rapidamente 23

Glossário

quiet tranqüilo(a) 13
quite bem (bastante) 21

R

radio rádio 5
rain chover 27
rainy chuvoso(a) 29
read ler 3
realize dar-se conta (de) 22
really realmente 9
recycling reciclagem 20
recycling bin lata de lixo reciclável 20
regards respeitos 30
remember lembrar-se de 24
report relatar, avisar (a polícia) 18
reserve reservar 24
residents residentes 2
rest resto 17
restroom sanitário 25
ride *(subst.)* viagem 25
right exato, correto 2
right *em:*
    on the right à direita 3
    right away logo, já, imediatamente 18
roast beef rosbife 25
rock music rock 28
romance romance 30
room quarto 5
roundtrip de ida e volta 3
row fileira 24
run correr 23

S

safe seguro(a) 26
safe *em:*
    Have a safe trip Faça boa viagem 30
salad salada 25
salesperson vendedor(a) 27
salmon salmão 25
same o mesmo, a mesma 29
sandals sandálias 16
sandwich sanduíche 4
satellite TV televisão(or) via satélite 5
save salvar 23
say dizer 12
scared *em:*
    be scared ter medo, estar assustado(a) 21
scary assustador 21
school escola 4
scrambled eggs ovos mexidos 6
seat assento 24
see ver, entender 7, 8
see you até mais 26
seem parecer 14
sell vender 3
send enviar, mandar 15

separate *(verbo)* separar 20
separate *(adj.)* separado(a), distinto 20
serious sério 27
several vários(as) 24
severe severo(a), grave 23
sharp elegante 16
she ela 4
shirt camisa 16
shocked assustado(a), em estado de choque 23
shoes sapatos 16
shop comprar 9
shopping *em:*
    do the shopping ir às compras, comprar 9
short *(subst.)* abreviatura 8
short *(adj.)* baixo(a) 24
short *em:*
    I'm short of... estou quase sem... 17
should deveria etc. 15
shoulder ombro 29
show *(subst.)* espetáculo 24
show *(verbo)* mostrar 10
show *em:*
    show around mostrar a cidade 30
    show up aparecer 22
shuttle ônibus (fretado ou de serviço especial) 30
sight atração turística 26
sightseeing visita turística 12
silk seda, de seda 16
silly bobo(a) 19
since desde 14
sir senhor 24
sister irmã 28
sit down sentar-se 4
skirt saia 16
sleep dormir 3
slim esguio(a) 24
slow lento(a) 26
slowly *(adv.)* devagar, lentamente 19
small pequeno(a) 12
smile sorrir 27
smoke fumar 14
snack lanche 6
snacks salgadinhos 26
sneakers tênis 16
so então 1
so *em:*
    so lucky muita sorte 5
    so many tantos(as) 13
socks meias 16
sold out ingressos esgotados 24
some alguns, algumas 9
something algo, alguma coisa 14
sometimes às vezes 6
somewhere em algum lugar 7
son filho 28
soon logo 30

Glossário

sorry *em:*
  I'm sorry desculpe-me 1
sound soar, parecer (pelo som) 12
souvenir lembrancinha, suvenir 14
spacious espaçoso(a) 30
spaghetti espaguete 9
Spain Espanha 15
spare bed cama para hóspedes 5
speak falar 6
special especial 25
spiral em espiral 12
sports esportes 5
sports club clube esportivo 8
sports news noticiário esportivo 28
spread espalhar 23
spring primavera 27
staff (quadro de) funcionários 30
staircase escadaria 12
stand up levantar-se, ficar em pé 24
start começar 27
station estação 26
statue estátua 12
Statue of Liberty Estátua da Liberdade 10
stay hospedar-se 11
steak filé 25
step degrau 12
still ainda 11
stockings meias-calças 16
stomach barriga 29
stone pedra 23
stop parada, parar 3
storyteller contador(a) de histórias 21
street rua 22
stuck *em:*
  be stuck ficar parado(a) 21
student estudante/aluno(a) 4
study *(subst.)* escritório 5
suddenly de repente 21
sugar açúcar 1
suitcase mala 2
summer verão 27
sundae sundae 13
sunny ensolarado(a) 21
supper ceia 6
sure claro, com certeza 16
sweet doce 9
sweet tooth "formiguinha", alguém que tem queda por doces 12
switch off desligar 28

T
table mesa 5
take levar 18
take care ter cuidado, cuidar-se 30
take pictures tirar/bater fotografias 12
talk falar, conversar 22
tall alto(a) 24
tank tanque (de gasolina) 21
taste ter gosto de 13
taxi táxi 11
tea chá 4
teach ensinar, lecionar 6
telephone call telefonema 22
telephone number número de telefone 18
television (TV) televisão (TV) 5
television set televisor 5
term período letivo 30
terminal terminal de aeroporto 2
terrible terrível 22
than do que 16
thank someone agradecer alguém 23
that esse, essa, isso 1
that's esse/essa/isso é 1
That's fine Está bem/Tudo bem 17
the o, a, os, as 1
the first time a primeira vez 13
The White House a Casa Branca 25
their deles, delas 6
them os, as, lhes, eles, elas 10
then então, depois 4, 6
there ali 2
these estes(as) 9
they eles, elas 2
thin magro(a) 24
thing coisa 7
think pensar, achar 7
third terceiro(a) 5
this este(a), isto 9
those esse(as), aqueles(as) 9
throw away jogar fora 20
thumb polegar 29
tights calças *fuseau* 16
time tempo 5
tired cansado(a) 4
to a, para 3
toast torrada 6
today hoje 9
toe dedo do pé 29
together juntos(as) 14
tomato tomate 9
tomorrow amanhã 10
tongue língua 29
tonight hoje à noite 9
too também 4
too many demais, demasiados(as) 13
too much demais 13
tooth (*pl.* **teeth**) dente 12
top lá em cima, topo 12
tour visita (turística) 12
tourist turista 13
town cidade, povoado 6
train trem 25
trash lixo 20

Glossário

trash can lata de lixo **20**
travel bag bolsa de viagem **2**
tree árvore **20**
triangular triangular **12**
trip viagem, excursão **3, 10**
trouble problemas **21**
true verdadeiro(a) **5**
trunk porta-malas **20**
try provar (o vinho), tentar **19, 22**
try on experimentar **16**
turn virar **19**
turn *em:*
   turn off desligar **28**
   turn on ligar **28**
two dois, duas **2**

U

umbrella guarda-chuva **27**
uncle tio **28**
underground subterrâneo **26**
unfortunately infelizmente **26**
unhurt sem se ferir, ileso(a) **23**
United States Estados Unidos **3**
unless a menos que **28**
unlimited ilimitado **26**
unpack desembrulhar **19**
until até (tempo) **24**
upset irritado(a) **21**
upstairs no andar de cima **7**
us nos **10**
US/USA EUA **2**
use up usar, gastar **22**
useful útil **12**
usually normalmente, em geral **6**

V

vacation férias **18**
vegetarian vegetariano(a) **25**
vending machine máquina (de venda) **26**
very muito **2**
Victorian vitoriano(a) **23**
view vista **12**
violator infrator **20**
visit visitar **15**
visitor visitante **2**

W

wait for esperar por **11**
walk andar, caminhada **21**
want querer **8**
watch *(subst.)* relógio de pulso **3**
watch *(verbo)* assistir a **28**
water *(subst.)* água **19**
water *(verbo)* regar (as plantas) **28**
way caminho, modo, forma **26**
way *em:*
   on the way back na volta **19**

we nós **2**
wear usar, vestir **16**
weather tempo (meteorologia) **15**
wedding casamento **16**
week semana **10**
weekend fim de semana **17**
weekend *em:*
   on the weekend no fim de semana **17**
welcome bem-vindo(a) **29**
well bem **4**
well done bem passado **25**
wet úmido(a) **7**
what o que **7**
what a shame que pena **24**
what a... que... (em exclamações) **12**
What's the matter? O que foi? **18**
when quando **3**
where onde **3**
while enquanto **27**
whipped cream *chantilly*, creme batido **13**
white branco(a) **3**
who quem **5**
whose de quem **7**
why por que/quê **4**
why not por que não **7**
wife esposa, mulher **29**
window janela **23**
windy com vento **29**
wine vinho **19**
wine list carta de vinhos **25**
winter inverno **27**
wireless sem fio **30**
wishes votos **30**
with com **5**
without sem **28**
woman mulher **8**
women *(pl.)* mulheres **8**
wonderful maravilhoso(a) **11**
work trabalhar **6**
worried preocupado(a) **18**
worry preocupar-se **14**
wrestling luta **8**
write escrever **15**

Y

yellow amarelo(a) **3**
yes sim **1**
yes, please sim, por favor **1**
yesterday ontem **21**
yet *(frases interr.)* já **13**
you *(pron. reto)* tu, você, o senhor, a senhora **1**
you *(pron. obl.)* te, ti, lhe, lhes **10**
you two vocês dois/duas **4**
you're tu és, você é, o senhor é, a senhora é **1**
young jovem **30**
your teu(s), seu(s), tua(s), sua(s) **5**
yours teu(s), tua(s), seu(s), sua(s) **19**

1ª edição Dezembro de 2007 I **4ª reimpressão** Julho de 2014 I **Fonte** AGaramond
Papel Chambril Book 90 g/m² I **Impressão e acabamento** Corprint